LE MASQUE
Collection de romans d'aventures
créée par
ALBERT PIGASSE

L'Agonie des sphères

Fervent adepte des films de science-fiction et des séries Z, nourri de cinéma et de littérature fantastiques, Guillaume Lebeau est né à Fontainebleau en 1971. Passionné de musique pop-rock, il travaille d'abord dans l'édition et la presse musicale avant de devenir graphiste. Il dirige aujourd'hui un centre de reprographie dans la région parisienne, où il vit. Son précédent roman, *L'Algèbre du besoin* a remporté le Prix du Roman Policier du Festival de Cognac et reçu un excellent accueil critique.

DU MÊME AUTEUR DANS LE MASQUE :

L'Algèbre du besoin
Prix Cognac 1999

Guillaume Lebeau

L'Agonie des sphères

LIBRAIRIE DES CHAMPS-ÉLYSÉES

Pour mon fils Jean, pour sa mère
parce que ce livre aurait existé différemment sans elle.

« Nous avons longtemps pensé que notre futur était dans les étoiles. Maintenant nous savons qu'il est dans nos gènes. »

James Watson, Prix Nobel de Médecine 1962.

« Et quand il eut dépassé le pont,
les fantômes vinrent à sa rencontre. »

Intertitre du Nosferatu, *Eine Symphonie des Grauens*
de Friedrich Wilhelm Murnau

Ne t'autorise pas à être programmé.

PHASE PREMIERE

4 octobre 1957

Ile d'Olkhon, sur le lac Baïkal

Au commencement un filet d'eau, autant dire presque rien, ensuite ça enfle, ça enfle telle une rivière puis ça gonfle pareil à un torrent. Le flux commence alors à charrier son limon, à décoller la vase des profondeurs, à tout emporter sur son passage. Plus de lit à respecter, plus de berge à caresser, la violence déchire la nature et la nature n'y peut rien changer.

Pensif, Andreï mesurait, à l'aide d'un anémomètre à rotation, la violence de ce vent en provenance du plateau de Sibérie centrale battant la surface grise et poisseuse de la vaste étendue liquide qui l'encerclait. Il s'étonnait chaque jour, depuis le début de la tempête, du pouvoir intrinsèque de cette force, qui pouvait soulever les eaux saumâtres et profondes du majestueux Baïkal, leur arracher, en des gerbes hautes de plus de deux mètres, une écume presque noire. Cette dernière lui faisait penser à la bile opaque de quelque entité titanesque sortie de l'imagination d'Homère.

Au loin, vers l'est, au-dessus des monts Iablonovyi, de lourds et inquiétants cumulonimbus s'amoncelaient et Andreï savait ce que cela signifiait. Le plus dur était à venir. Jusqu'ici, il n'avait affronté que la queue de la gigantesque dépression, il allait falloir se colleter le « monstre » dans sa forme entière. Le creux atmosphérique affolait déjà le mercure contenu dans la colonne du baromètre et ce, malgré les petits coups répétés de l'index d'Andreï. Curieusement, ce dernier jubilait. Bien que titulaire d'un doctorat en sciences du climat, défendu brillamment l'année dernière à l'Université de Moscou, il ne s'était jamais confronté à la véritable fureur des éléments. Son approche des cyclones demeurait toute théorique. Aussi n'allait-il pas cracher sur pareille opportunité : étudier une grande dépression Yakoute, phénomène qu'on n'enregistrait en gros que tous les cinquante ans.

Andreï releva le col de sa veste en cuir épais et rabattit les oreillettes en fourrure de sa chapka. Il s'assura une dernière fois de la proximité de la tente, arrimée aussi solidement que possible dans un sol noir de tourbe et renforcée par une enceinte de pierres trouvées çà et là. Lorsque le cœur de la dépression toucherait l'île, ce serait son seul rempart. Les déplacements d'air atteindraient alors les cent cinquante kilomètres heure, les bourrasques arracheraient les branches des résineux les plus vigoureux, abattraient carrément les plus vieux. La surface du Baïkal ne serait plus que creux immenses et même les phoques se terreraient, loin des rives ravagées par le flux glacial.

Pour le moment, à l'aide de ses jumelles,

Andreï apercevait encore au loin le port de Listvianka. Avec ses petits chaluts abrités en rangs serrés derrière la digue, que les eaux assaillaient déjà jusqu'à mi-hauteur, il ne paraissait plus qu'un frêle esquif au milieu d'une tourmente en devenir. Et l'on imaginait les hommes tapis auprès de l'âtre, rassurant femmes et enfants, écoutant aboyer leur chien à l'approche d'un cataclysme en forme de fin du monde.

Andreï Arkadevitch Bagdassarov attendait ainsi, perché sur un petit monticule à quelques centaines de mètres d'un rivage, battu et rebattu par la bile noire du lac.

Quelle chance, se répéta-t-il une fois de plus, quelle chance d'être en vacances ici et maintenant ! Quelle chance que la République socialiste soviétique autonome de Bouriato-Mongolie abrite les quelques membres de ma famille encore en vie. À trente-trois ans, finies les prévisions météo, piges alimentaires pour la *Pravda* ; sans doute le début des congrès internationaux et la porte ouverte à l'étude des *Tornadoes* américaines, se prit-il à rêver.

Un seul regret demeurait : il n'avait pu réunir à temps l'ensemble du matériel scientifique nécessaire à l'étude d'un tel événement climatologique. Heureusement, son père, commissaire politique très influent dans la région, avait fait des pieds et des mains pour rassembler un semblant d'outils : un vétuste anémomètre, quelques baromètres à mercure, ainsi qu'un anémographe. Il en allait très certainement d'une nouvelle victoire de la connaissance sur la nature, victoire chère aux membres du Parti et de son nouveau premier secrétaire Nikita Sergheïevitch Khrouchtchev, qui s'essayait à remplacer Staline depuis presque quatre années. Tant et si bien qu'Andreï, après avoir, sur les conseils des anciens, choisi Olkhon comme poste d'observation principal, s'était même vu confier une embarcation à moteur japonais pour rallier au plus vite l'île depuis laquelle il allait pouvoir offrir à l'URSS un nouveau triomphe scientifique.

Un vrombissement, au nord-ouest, l'inquiéta soudain. Ses jumelles reprirent du service, et Andreï scruta avec difficulté un horizon de particules d'eau en suspension. Le bruit se rapprochait, diffus, dilué dans le chaos qui se préparait. Une seule certitude pour le jeune climatologue, il ne s'agissait pas d'un coup de tonnerre, ni d'un écho. Non, ça se rapprochait, et ce quelque chose d'invisible venait tout droit dans sa direction. Un avion peut-être ? Non, avec cette purée de pois, même les militaires faisaient relâche. Andreï en savait quelque chose : il avait renseigné, durant les trois années de son service à la nation, la cellule météo d'une base de submersibles tactiques à Mourmansk.

Abandonnant ses jumelles au profit de ses yeux, il s'abîma dans l'amas nuageux qui venait de s'abattre sur le lac. Rien n'y faisait : le bourdonnement régulier, désormais multiple, dissimulait sa source tout en convergeant vers la frêle colline où se tenait — fier et maladroit — le petit campement.

C'est alors que, rabattu par une vague, un corps apparut sur la grève. D'abord Andreï pensa qu'il s'agissait de la carcasse d'un phoque de Sibérie, puis il perçut quelques mouvements émanant de la silhouette échouée au milieu des déchets ramenés par la tempête. Ce n'est qu'au bout de quelques minutes d'observation que l'évidence s'imposa à lui dans toute son horreur. Aucun doute possible, c'était bel et bien le corps d'un homme qui gisait là à quelques centaines de mètres, sous ses pieds. Un homme qui, par on ne savait quel miracle, semblait encore en vie, malgré son séjour dans les eaux glacées du Baïkal.

Andreï en oublia ce qui se cachait encore derrière les nuages et fonça en direction de la grève. Il manqua glisser sur les pierres humides et arriva, essoufflé, à hauteur de ce qui n'était plus qu'un cadavre. Manifestement, l'homme avait nagé jusque-là, épuisant ses dernières forces ; et son corps à moitié dénudé revêtait la couleur violacée d'une sévère hypothermie. Andreï observa son pantalon, un pantalon de lin plutôt élégant, ainsi que ses chaussures, qui curieusement n'avaient rien à voir avec la coupe grossière des vêtements et mocassins de fabrication soviétique. Son torse était nu et son crâne rasé. Aucune pulsation ne venait plus naître à la base de son cou : il était mort et Andreï se sentit saisi d'une peur panique, quasi irrationnelle, qui le projeta en arrière et le fit atterrir sur la surface saillante d'un affleurement granitique. Une douleur fulgurante lui irradia le dos qu'il venait de s'entailler.

Le climatologue en avait presque oublié le mystérieux murmure d'outre-cieux. Pourtant ce dernier n'avait jamais été aussi présent, pesant, et malgré sa blessure, Andreï leva la tête dans sa direction. Trois énormes Mil V-24 survolaient la zone comprenant l'anse où était venu s'échouer le cadavre et le promontoire sur lequel Andreï s'était établi. De couleur noire, les hélicoptères adoptèrent un profil stationnaire, semblant évaluer la situation avant de fondre, tels des rapaces, sur leur proie. Malgré le grain, leurs énormes masses métalliques paraissaient immobiles. Seules les pales des rotors tournoyaient, ajoutant à la violence de la tempête leur flux presque tiède. Un vague relent de kérosène parvint aux narines d'Andreï, lui soulevant le cœur, déjà fragilisé par l'horrible découverte. Un spasme lui arracha un vomissement, alors que de l'un des hélicoptères une silhouette descendait, hélitreuillée, puis une autre, puis enfin une troisième, tandis que les deux autres engins semblaient figés dans une pose immuable.

Une fois à terre, les trois formes spectrales, vêtues de blanc, masquées par une cagoule et de grosses lunettes de protection, déployèrent une espèce de bulle en plastique pour y déposer le corps de l'inconnu au crâne rasé. Toute l'opération se déroula dans le silence implacable qui précède les tourmentes, sous le regard médusé et effrayé d'Andreï, qui chercha désespérément à l'horizon une aide improbable. Une fois le cadavre remonté, l'un des trois hommes considéra Andreï et parut interroger du regard les deux autres. Sans un mot, le problème fut entendu : tiré par un puissant treuil, le filin d'acier rapatria deux des trois silhouettes dans le ventre de la machine. Tandis que la dernière glissa jusqu'à hauteur du corps recroquevillé d'un Andreï apeuré et tremblotant.

Un éclair déchira le ciel bas et gris. Les puissants Mil V-24 frémirent de toute leur imposante masse et s'éloignèrent rapidement, laissant à l'ouragan une seule charogne à dévorer.

[illegible] développement [illegible]
[illegible] fois le calvaire [illegible]
les trois hommes considèrent [illegible]
[illegible] les deux [illegible]
[illegible] le problème [illegible]
[illegible] le filet d'acier [illegible]
[illegible] dans le ventre de la
machine. [illegible]
[illegible] corps [illegible]
[illegible] et [illegible]

[illegible]

Matin du 3 mai 1999

New York

La pointe sud de Manhattan, proue gigantesque d'une civilisation au bord du naufrage dans les eaux sales de l'Hudson, étirait ses buildings, matinale, sous une fine pluie acide et printanière. Ses taxis, petits points jaunes sur l'asphalte sombre, filaient à toute allure vers les aéroports, à la recherche de touristes en mal d'urbanisation. Quant à son métro, il ébranlait ses premières rames dans un souffle chaud, qui transpirait le long des avenues à travers les bouches d'aération.

Une sirène aux modulations stridentes répercutait son écho contre les parois de verres, tandis que les policiers de la ville ramassaient leur premier macchabée de la journée. Clochard assassiné pour quelques vieilles fripes, pour rien ou pour quelque chose. Le mobile n'intéressait plus désormais que les stations de télévision live, qui diffuseraient en boucle le sujet tout au long de la journée. Jusqu'au prochain homicide, le pauvre clodo alimenterait la soif cathodique des fourmis citadines.

Tandis que les tours jumelles, chiens de garde embrumés au service de Wall Street, lorgnaient du côté de Brooklyn, s'assurant que chacun restait chez soi, Seaport s'éveillait sous les cris des mareyeurs, dans une puissante odeur de poisson qui contrastait violemment avec le parfum âcre des gaz d'échappement.

Curieusement, c'est cette fragrance de harengs fraîchement pêchés qui avait définitivement convaincu Howie, Howie Bernstein, d'emménager dans un spacieux appartement, près du marché aux poissons de Fulton, le plus grand du pays, pouvait-on lire sur les dépliants touristiques. C'est d'ailleurs grâce à cette odeur, rédhibitoire pour les yuppies du coin, qu'il avait pu s'offrir ces presque 100 mètres carrés pour un loyer de misère. Le propriétaire, un Afro-américain sans doute homosexuel, qui possédait un *dinner's* pour les travelos sur Broadway, ne s'était d'ailleurs pas fait prier lorsqu'il s'était vu proposer de signer un bail à trois cents dollars par mois. Ce dernier avait même immédiatement loué le Seigneur dans un profond soupir de soulagement, entonnant une tentative de negro spiritual à la gloire de son sauveur.

Aujourd'hui, Howie s'accommodait très bien du côté pittoresque de ce quartier portuaire. Même si ces dernières années, le tourisme était devenu l'activité principale – les docks rénovés abritant désormais restaurants et magasins de souvenirs –, Seaport conservait les atours d'un village ouvert sur l'océan et rappelait à ses visiteurs le temps où New

York vivait le cul tourné vers l'horizon Atlantique. Ainsi à deux pas, on trouvait amarrés à tout jamais le *Peking* et le *Wavertree*, vénérables et majestueux gréements auprès desquels on pouvait encore rêver et reprendre son souffle, malgré l'ombre des gratte-ciel et la densité de la foule qui s'y bousculait parfois en été. Les quais recouverts par des planches de tek conduisaient les promeneurs jusqu'au bout de la jetée, sur laquelle s'esquissaient des baisers hétéros ou gays, chargés de salive et de désir.

— Putain, Am, tes pancakes c'est du béton cellulaire ! T'aurais pu faire un effort ! Pour une fois que j'ai le temps de m'envoyer quelque chose avant d'aller bosser ! hurla Howie du haut d'un fauteuil bistrot recouvert d'un Skaï au rouge warholien.

— Eh, Bernstein, tu vas pas me briser les ovaires avec tes litanies d'israélite de Soho... Si t'es pas content, t'as qu'à te faire ta tambouille ! répondit sur le même ton une très jolie brune, dont les grands yeux bleus perçaient le brouillard de graillon émanant des cuisines.

— Heureusement que ton café à la cannelle vaut toujours le détour, ça compense...

Howie lâcha un vieux billet froissé de cinq dollars devant son assiette encore à moitié pleine, chipa une petite dosette de sirop d'érable et se leva en adressant un large sourire en direction de Am.

— Garde la monnaie, Am, t'en auras besoin pour te payer ton billet pour *The Phantom*

Menace. À moins qu'une copie ne circule rapidement sur le Net, on n'y coupera pas, personne n'y coupera... Paraît même que la CIA est sur les dents !

— T'es vraiment le plus adorable des cons, lui lança Am avec une moue sensuelle, tout en glissant la coupure dans la poche de son tablier. Dommage que tu sois le plus parano des mecs que j'aie jamais rencontrés !

— Bah, avec ce que traîne mon peuple depuis deux mille ans, t'avoueras...

— Alors là, je rigole ! Si t'as déjà mis les pieds dans une synagogue, moi je suis la reine Amidala.

Howie marqua un temps d'arrêt. Il considéra le visage hilare de Am, écarquilla les yeux comme pour y voir plus clair et se rassit aussi sec.

— Merde, ça a transpiré ! Comment, comment c'est possible ? Je suis le seul à l'avoir vu, chuchota Howie dans un souffle de dépit, tout en interrogeant du regard son interlocutrice.

— Pas de panique, le rassura Am. Faut juste que tu saches qu'un ami, un pote qui bosse chez ILM, tu sais, la boîte d'effets spéciaux de Lucas. Eh bien, il m'a gravé un DVD du *making of*, trente-cinq minutes en tout. La qualité de l'image n'est pas géniale, mais j'avoue que ça se regarde. Howie, garde bien le secret, je voudrais pas que la NSA me fasse des emmerdes !

Am partit d'un rire limpide. Elle venait de se moquer d'Howie en lui glissant ces informations sur le ton de la confidence, et Howie avait gobé l'essentiel. Le simple fait de ne pas être le premier à avoir piraté les bandes concernant le tournage du nouvel épisode de *Star Wars* l'avait tout simplement abattu. Aussi il ne comprit pas immédiatement la signification de l'hilarité subite de Am ; seules le préoccupaient les trente-cinq minutes d'images inédites. Bien sûr, il en possédait quinze, et pas n'importe lesquelles, non : le premier quart d'heure du film lui-même, résultat de son intrusion informatique au siège de Lucasfilms Ltd. Avec un matériel plus performant, il aurait même pu télécharger la totalité des *rushs* du nouvel opus.

— Eh, Howie, je blague, pas la peine de faire la tronche. J'ai juste lu quelques lignes dans *Time*, c'est tout. Et puis les noms des nouveaux personnages ne sont plus un secret pour personne. Allez, boude pas, mon petit Ewok !

Howie connaissait Am Homes depuis son arrivée dans les parages. Cette dernière gérait tant bien que mal un petit fast food, le *Q-Base*, dans l'immense mall, le Pier 17, qui faisait face au pont de Brooklyn. Le seul endroit bon marché de cette galerie aux boutiques branchées, où l'on ventilait plus volontiers la chair des homards et le dernier portable à la mode que les œufs brouillés et les donuts bien gras.

Am avait tout de suite séduit Howie. Elle possédait une rare forme d'humour : généralement les femmes refusent ou nient toute forme de vulgarité. Am n'était pas de cette espèce chichiteuse. Si elle refusait la facilité des blagues graveleuses, personne ne l'avait vue rechigner lorsqu'il s'agissait de talquer copieusement le derrière de certains clients qui s'aventuraient à la taquiner. En ces moments, Am savait jouer pleinement de son extrême féminité et en balançait de sévères. Un soir d'hiver, Howie l'avait ainsi surprise en train d'agonir d'injures un jeune Asiatique fin saoul, qui s'était senti autorisé à peloter le cul charnu de Am. Le pauvre type était reparti la queue entre les jambes, sous les rires gras des piliers du *Q* et n'était pas près de remettre les pieds dans les galeries du mall. Cependant après une blague salace, Am pouvait s'abîmer dans des limbes dont elle seule connaissait le chemin tortueux. Parfois, elle passait ainsi du rire aux abois. En ces moments-là, ses yeux libéraient alors quelque chose d'effrayant.

Howie avait quitté Am à regret, malgré la désagréable sensation d'avoir été pris pour un con. Mais à déjà presque 7 heures, il était véritablement trop en retard. Maintenant, il affrontait un détestable crachin, ainsi qu'une douloureuse envie de pisser qui lui matraquait la vessie de ses lancinants coups de boutoir. Ce n'était pas le moment de se relâcher, et il se sentait de tenir jusqu'aux urinoirs de marbre de l'Owen Gary & Mulder Building. Moyennant quoi, et autant que ses jambes le lui permettaient, il pressa le pas tout en évitant les flaques d'eau huileuse ainsi que les merdes diverses et variées.

Howie appartenait à une espèce singulière.

Une race qui ne pouvait conserver un job plus de quelques mois. Lassitude, fatigue, exploitation, autant de prétextes pour se séparer souvent avec pertes et fracas de son employeur. Ainsi avait-il successivement désinsectisé les caves des belles demeures d'Amytiville, vendu des objets publicitaires dans le Queens, loué des cassettes vidéo pornographiques, nettoyé des hélicoptères... À chaque fois, un truc clochait, un grain de sable grippait la belle machine, et souvent elle s'arrêtait le rodage inachevé. Aujourd'hui, il en allait autrement. Même pour un *slacker*, un glandeur comme Howie, il existait des limites : physiques et surtout humaines. Une sorte de ligne invisible sur laquelle n'importe qui peut se balader mais que l'on ne doit en aucun cas franchir, sous peine de mesurer l'espace infini contenu derrière le miroir.

Toucher le fond ne lui faisait plus peur depuis des lustres. Mais ça avait profondément remué Howie, de se retrouver un matin zombi parmi les zombis. Sa perception de la société en avait été changée, presque altérée. Très exactement depuis qu'il avait dormi à la belle étoile pendant trois semaines dans une impasse sordide de Harlem, et bouffé le fond d'une boîte de pâtée pour chats avec ses doigts. Toutes ces heures et ces jours à croupir dans ses propres excréments avaient enclenché en lui la mécanique de la survie. Les rouages s'étaient lubrifiés d'un coup : fulgurance de l'instinct de conservation. C'est surprenant comme une telle expérience peut rapidement lester la cervelle de n'importe quel bipède du plomb de l'intelligence.

— Putain de bordel de merde ! C'est à cette heure que tu te pointes ? Espèce d'enfoiré de limace, t'as vraiment aucun respect pour les autres !

— Chut, chut, chut ! Calme, calme, le Nico ! tempéra Howie, tout en pointant son index en direction de la grande horloge qui trônait au-dessus d'une photographie de Bill Clinton.

— Ouais, je sais bien. Sept heures quinze et pile, qui plus est. C'est pas une raison, tu pourrais faire un effort pour être là un peu en avance. Moi, faut que je me coltine le métro jusqu'à Harlem, j'habite pas à deux pas, dans une piaule grand standing pour vénérable Blanc...

— Allez, Nico, un grand Nègre comme toi peut pas en vouloir à un minable Juif américain...

De toute sa hauteur, pas loin de deux mètres, Nico frémit : son collègue prenait des allures d'adversaire et l'énervait par trop. Tandis qu'il hésitait à lui coller son poing sur la figure, une pensée le traversa. Un lointain mais puissant souvenir.

Cela se passait au Madison Square Garden, un match comptant pour le championnat du monde des poids lourds. Lutte titanesque qui opposait alors Mike Farsaw, un Afro-américain qu'on surnommait le Taureau, et Andrew Collin, un Irlandais de souche. Dès la troisième reprise, tout semblait acquis au bénéfice de Farsaw, dont les poings ce soir-là avaient fait merveille. Collin vacillait sur ses puissants fondements de muscles, un œil poché, l'arcade sourcilière gauche ruisselante de sang. La salle comble retenait son souffle et les bookmakers se félicitaient déjà de l'issue du combat : Collin le tenant du titre n'avait plus aucune chance. Et puis il y avait eu ce cri, au beau milieu du silence, au centre, exactement au centre des gradins ouest. Le cri d'un gosse, qui avait fait relever la tête au perdant. Il avait alors fouillé de son regard cyclopéen la pénombre, la multitude des regards qui s'offrait face à lui. Nico n'avait jamais su ce que le boxeur avait trouvé. Mais en quelques secondes, Collin retrouva ses jambes et fonça dès le quatrième gong vers un Farsaw surpris par un tel regain. L'issue du match était jouée.

Howie sembla comprendre alors qu'une étincelle de rage traversait les yeux de Nico. Il se précipita derrière l'espèce de comptoir en marbre rose qui trônait au milieu du gigantesque hall d'accueil. Nico pensa un instant l'y rejoindre, histoire de tester ce crochet du droit historique, mais un regard en coin sur l'une des nombreuses caméras qui surveillaient les lieux l'en dissuada. De plus, il s'estimait suffisamment en retard et après une nuit de veille, Nico n'attendait plus qu'une chose, souhaiter une bonne journée à ses quatre gosses et dormir.

— Ciao, le youpin ! Peut-être à ce soir, si je me réveille...

— Salut, le négro ! cria Howie en attendant que le colosse lui ait tourné le dos. Va chier, murmura-t-il en lui adressant son majeur en érection.

Nico disparut dans ce dernier sursaut, happé par l'un des deux gigantesques tourniquets de l'entrée.

Howie se retrouvait seul dans l'immense hall. Il lui faudrait attendre 7 h 30 pour voir se remplir un à un les quarante étages de l'édifice. La danse des costumes-cravates pourrait alors commencer et jusqu'à 18 heures, Howie surveillerait ce va-et-vient incessant, inscrivant la moindre anomalie sur le clavier de son ordinateur. En fait, chaque salarié de l'entreprise qui siégeait ici possédait une carte magnétique qui lui autorisait ou refusait l'accès des différents secteurs du building. Le job d'Howie consistait à surveiller que personne ne tente de pénétrer un lieu que les pontes lui avaient refusé. Howie était également là pour assurer une présence humaine dans un immeuble entièrement informatisé. Avec l'Owen Gary & Mulder Building, les architectes avaient même poussé le vice jusqu'à automatiser les chasses d'eau des quelque deux cents chiottes que comptait la tour. Plus besoin d'activer manuellement le circuit d'eau : dès que vous aviez fini votre affaire et franchi le seuil des cabinets, les jets d'eau sous pression s'enclenchaient et se chargeaient de conduire votre merde jusqu'à l'Hudson.

Le bâtiment appartenait à cette dernière génération d'espaces de travail dans lesquels le béton avait cédé la place aux microprocesseurs. Où même le verre se trouvait doué d'intelligence, s'opacifiant avec la luminosité, s'éclaircissant avec la tombée du jour.

Howie n'en savait pas très long sur l'activité de son employeur. Quelques informations qu'il avait pu glaner sur le Réseau, ou dans les quotidiens, voilà tout ce dont il disposait. Owen Gary & Mulder fonctionnait comme un gigantesque cabinet de consulting. La firme possédait de nombreuses antennes à travers le monde, et se positionnait en tant que numéro un dans son secteur d'activité. De nombreuses multinationales étaient référencées comme clients de Owen Gary & Mulder : Exxon, General Motors, Elf... Cependant la grande spécialité du cabinet, selon les économistes, « l'activité première » diraient-ils, trouvait sa source dans l'industrie agroalimentaire.

— Bonjour, Howie !

— Bonjour, monsieur Gary, moche journée, n'est-ce pas ?

— À chier ; un vrai temps de pute, Howie ! Un vrai temps de pute...

Sept heures trente-deux minutes : comme chaque matin, samedi et dimanche compris, Owen Pussylton Gary, quatrième du nom, déboulait tel un char d'assaut dans le hall, faisant résonner le marbre rose de son pas alerte. Malgré ses soixante-cinq ans, « Pussy » comme l'appelaient à mi-voix tous les collaborateurs, dégageait une énorme énergie vitale. La presse à scandale lui prêtait d'ailleurs plusieurs liaisons avec le gratin de la mode new-yorkaise. À ce sujet, Howie avait pu lire quelques informations supplémentaires via le Net. Ces renseignements distillés par Janus, l'un des *performers* les plus réputés du Réseau mondial, portaient un coup bas à l'hétérosexualité de « Pussy ».

Cela n'empêchait nullement Howie d'apprécier son patron, essentiellement parce qu'il ne se prenait pas au sérieux. Parce qu'il demeurait à une humaine portée. Et puis à New York, rares étaient les employeurs qui lâchaient un peu de mou. Howie, qui disposait d'une console d'ordinateur pour contrôler les entrées et les sorties, possédait également un accès intranet ainsi qu'un autre, ouvert plus ou moins légalement sur Internet. Aussi mettait-il à profit les quelques heures mortes de la matinée — après le rush de 8 heures et avant celui de midi — pour sillonner les flux d'informations numériques. Il était devenu avec le temps une sorte d'expert, moins reconnu qu'un Janus, Linus ou autre Jacob, ces *hackers* ou pirates ayant accédé au panthéon des résistants de la Grande Guerre. Ce conflit dont Howie ignorait tout jusqu'à son intrusion dans l'univers virtuel. Avant, il ne représentait rien. À peine si l'on pouvait dire de lui qu'il était un IRL, un *in real life*. Pauvre hère, à qui la civilisation occidentale dissimulait l'un de ses plus impressionnants et terrifiants fantasmes !

La croissance exponentielle des flux d'informations numériques qu'avait autorisée l'avènement récent du Net constituait un terreau propice pour de nombreux activistes. Ces derniers, conscients des dangers de mutation pour la société que pouvait engendrer le Réseau, avaient décidé de façon plus ou moins organisée de combattre toute tentative de récupération et de contrôle par des groupes privés ou étatiques. Généralement cette guerre, à quelques rares exceptions, se dispensait de toute violence physique. On pouvait parler de conflit aseptisé, ignoré du grand public.

– Vous avez reçu un message.

Sur le moniteur, un petit drapeau s'agitait frénétiquement, comme pour donner le départ d'une course irréelle. Howie scruta l'horizon froid du vaste hall afin de s'assurer que personne ne s'apprêtait à entrer ou sortir. Puis il essuya d'un revers de sa manche les miettes d'un gâteau aux amandes qui parsemaient le tapis de sa souris. Il savait très bien qu'une seule personne au monde pouvait lui envoyer un message à cette adresse informatique. Son courrier électronique, il le recevait chez lui et jamais au boulot. Son poste de travail, il l'avait bricolé en tant qu'émetteur 2600 hertz, puissance sonore au-delà de laquelle le central ne taxe plus la communication. Ce petit stratagème lui permettait quelques excursions sur le réseau, sans débourser un dollar.

Personne ne pouvait briser les *Firewalls*, ces puissants gardiens électroniques qui contrôlent toutes intrusions émanant du net d'Owen Gary & Mulder. Personne, sauf Janus... La sueur commença à perler sur son front. Machinalement, il réajusta son nœud de cravate, tendu à l'extrême, tapotant le sol du bout de ses chaussure en daim marron. Une intrusion dans le système, c'était le risque de se faire épingler par la sécurité informatique de l'entreprise. Howie avait ouvert une brèche dans la citadelle, tant qu'il en profitait pour surfer il n'y avait aucun problème, mais là il s'agissait d'une agression et non d'un agrément. L'envie lui vint de déconnecter le modem, de reboucher les plâtres et de libérer l'appartement en l'état, sans attendre que le propriétaire ne s'aperçoive de quoi que ce soit. Mais la curiosité le taraudait : un message de Janus, ça ne lui était jamais arrivé. Bien sûr, il l'avait bien interrogé une centaine de fois, tentant vainement d'établir le premier contact. Pourtant Howie avait dû se contenter trop souvent — comme des milliers d'autres internautes — des fameux et lapidaires communiqués de presse hebdomadaires de l'icône de la guérilla informatique.

On prêtait à Janus bien des exploits : destruction massive de bases de données stratégiques, piratage du site de l'US Air Force, incursion retentissante au Pentagone... Chacune de ses performances, Janus les revendiquait, et les médias se chargeaient d'amplifier le message. Peut-être un peu trop, mais qui pouvait oser prétendre que le combat de Janus ne méritait pas une telle audience ? Dans un monde où chaque citoyen se trouvait, malgré toute forme de résistance, fiché, quantifié, numéroté, Howie s'accordait à penser que les individus tels que Janus appartenaient à la race des héros.

— Pas le temps d'attendre, dois passer outre au protocole...

Effaré, Howie regardait les mots s'égrener dans la fenêtre de son moniteur. Il venait de perdre le contrôle de sa machine.

— Réponse à la question d'hier soir.

Nous sommes tous en danger, la guerre a commencé.

Commencement à la page 128 du *Principes Moralis*.

La sueur transperçait désormais la fibre textile de sa chemise. La main comme « adhésivée » sur la souris, blême, le regard perdu dans les profondeurs cathodiques, Howie paniqua. Une véritable frousse venait de s'emparer de lui ; dans un spasme, il faillit même vomir toute la substance de son petit déjeuner. Ce n'était pas tant le message qui l'effrayait, tout juste l'avait-il intrigué. Non, ce qui le paralysait, le tétanisait, c'était la réaction du service de sûreté informatique. Combien de secondes lui restait-il avant de voir débouler les hommes du SSI ? Aucun système n'est protégé à cent pour cent, cependant tout ordinateur comporte un fichier de journalisation qui rend compte des visites désirées et frauduleuses. Ce fichier de logs mentionne le jour, l'heure et la minute de chaque connexion au système. Voilà la faille qui allait trahir Howie et lui attirer de gros emmerdements.

D'autant qu'Owen Gary & Mulder avait

recruté comme responsable de la sécurité des systèmes d'information une ancienne gloire du piratage, Frederic Byon. Un gars qu'Howie connaissait à travers ses frasques juvéniles. Ce dernier figurait en tête du classement des plus grands « génies » de l'électronique. Sur le Net, il n'est pas un forum de discussion tournant autour du piratage qui n'en vienne à mentionner l'affaire « Wargames ». C'était en 1978, dans l'État de Maryland, Byon avait alors quatorze ans et possédait un robuste micro-ordinateur de marque Apple couplé à un modem flambant neuf. En une nuit, le gamin avait réussi à déjouer la vigilance informatique du Norad, le centre de défense nucléaire de l'armée. Hollywood s'est même emparé du sujet pour en faire un film à succès. Il avait viré sa cuti, suite à cette affaire. De nombrcuses entreprises avaient tenté de le récupérer, mais durant quelques années, le Pentagone se l'était approprié. Un cerveau comme le sien attirait bien des convoitises, surtout à cette époque où l'on ne mesurait pas encore pleinement les risques liés au développement des réseaux. Howie ne savait comment Byon avait finalement atterri à New York. Une seule chose s'avérait certaine en cet instant, il pouvait s'attendre à voir débarquer d'une seconde à l'autre les gars du troisième étage.

Tétanisé, Howie scruta les gigantesques horloges accrochées au marbre de la façade nord du hall. Les cadrans sertis de cuivre rutilant égrenaient de leurs aiguilles dantesques la fuite du temps pour chaque grande métropole mondiale. Son regard s'immobilisa sur celle de New York. À cette heure, personne n'entrait ni ne sortait de l'immeuble. L'atmosphère était figée et même les douze ascenseurs paraissaient ne plus vouloir transporter personne. Les pieds d'Howie devinrent glacés, ses nerfs saillaient, sa jambe droite commença à trembler. Il posa machinalement sa main sur sa cuisse, comme pour tenter d'en stopper le mouvement incontrôlé. Cinq bonnes minutes venaient de s'écouler sans que rien ne se passe.

Maintenant c'est sûr, ils vont débouler, pensa Howie. Ses yeux quittèrent une fraction de seconde l'horloge pour balayer — en un rapide mouvement circulaire — le couloir des ascenseurs. Howie connaissait désormais le déroulement du prochain quart d'heure de son existence de cancrelat. Il n'allait pas tarder à goûter au caoutchouc de la semelle des grands de ce monde.

PHASE DEUXIÈME

4 octobre 1957

Kazakhstan, cosmodrome de Baïkonour

L'acier de la titanesque rampe de lancement luisait sous le pâle soleil de Kazakhie. À quelques heures du lancement de l'engin spatial, le métal comme les esprits semblaient s'échauffer. Les ingénieurs calculaient, recalculaient la trajectoire de décollage. Les généraux s'affairaient, hurlant leurs ordres à travers les longs couloirs de la base. À environ deux cent cinquante kilomètres de la mer d'Aral, dans la région de Karaganda, l'élite soviétique attendait sur le pied de guerre d'entrer dans l'Histoire.

Devant les immenses pupitres de contrôle, les mains jointes derrière le dos, seul, le Premier Secrétaire du Parti cherchait comment se contenir. Il dévorait d'un regard d'enfant la multitude de moniteurs sur lesquels venaient s'inscrire, en lettres cyrilliques scintillantes, des codes à l'interprétation ignorée, des chiffres abscons. Depuis ces années noires, alors qu'adolescent il se surprenait à rêver en regardant un ciel interdit, l'homme savait que l'avenir de son pays se construirait dans les étoiles. N'avait-il pas compulsé des nuits entières *L'Espace libre,* de Konstantine Tsiolkovski, cette nouvelle rédigée par un instituteur visionnaire qui, dès 1883, établissait les concepts fondamentaux pour l'emploi dans l'espace de la propulsion par réaction en utilisant une fusée pour échapper à l'attraction terrestre.

Nikita Sergheïevitch Khrouchtchev attendait, digne, mais fébrile, cette minute magique où la fusée R-7 s'arracherait à l'apesanteur terrestre, propulsant ses tonnes de technologie aux portes de l'espace. Derrière lui, en retrait, presque dans l'ombre, se tenaient les pères de la célèbre Semiorka. Sergueï Korolev et Valentin Glouchko frémissaient quant à eux de cette impatience propre aux scientifiques. Pour ces derniers, l'enjeu ne consistait pas en une simple lutte idéologique. Peu leur importait en cet instant le monde occidental en général, et les États-Unis d'Amérique en particulier. Aujourd'hui la R-7, la dernière évolution de leur Semiorka, allait placer sur orbite, à 228 kilomètres de périgée et 947 kilomètres d'apogée, une sphère d'aluminium de 58 centimètres de diamètre. Et seul comptait à leurs yeux et à leur cœur la réussite de cette première satellisation par l'homme d'un engin artificiel conçu par son esprit.

Et alors, se mit à rêver Khrouchtchev, le monde pourrait frémir devant la toute-puissance de l'Union des Républiques socialistes soviétiques. Aucun obstacle ne l'empêcherait plus d'atteindre Boulganine et de s'emparer de la présidence du Conseil des ministres.

— À quelle heure Spoutnik sera-t-il en mesure d'émettre ?

La question avait été lancée dans le vide, sans que Khrouchtchev se retourne. Sergueï interrogea Valentin du regard : l'autre lui répondit d'un haussement d'épaules. Aucun ne trouva les mots pour répondre au premier secrétaire.

— J'espère que vous vous montrez plus loquaces à l'Académie ! s'impatienta Khrouchtchev en se tordant le cou pour s'assurer que les deux savants se tenaient bien encore derrière lui.

Cette fois Valentin se décida, coiffant au poteau son collègue, la bouche à peine entrouverte.

— Eh bien, je ne voudrais pas vendre la peau de l'ours... (Il se gratta machinalement le menton :) Mais dans la perspective, enfin si l'on admet que R-7 emporte les 84 kilogrammes de Spoutnik là où il faut... Et qu'aucune des quatre antennes du satellite ne soit endommagée...

— Que sous-entendez-vous, Valentin ? tonna soudain Korolev. Que mon équipe n'a pas été à la hauteur ?

— Non, bien sûr que non, ce qui m'inquiète, c'est la motorisation. Le moteur RD-107 est alimenté en kérosène et oxygène liquides et vous n'êtes pas sans savoir que pour propulser un lanceur...

— Une fusée, Valentin, une fusée, le reprit Korolev, outré que l'on ose s'en tenir à une pareille dénomination pour ce qui représentait une existence entière de labeur.

— Admettons, Sergueï, mais votre susceptibilité est usante. Donc, pour propulser les 300 tonnes de la fusée (Il appuya volontairement sur ce mot.), nous avons dû revoir de nombreux paramètres dans l'équilibre des propergols. Malgré les essais, on ne peut jurer de rien !

Le Premier Secrétaire se lassait de la joute que les deux scientifiques venaient d'entamer. En fait, il avait toujours détesté les savants, les doctes. Lui, l'ouvrier, le mineur qui avait gravi une à une les marches de l'appareil, lui le prolétaire de Kalinovka, dans la région de Koursk, n'avait que faire des atermoiements de ces ingénieurs. Ces derniers avaient-ils adhéré au Parti bolchevique en 1918 ? Avaient-ils été nommés par Staline au poste de premier secrétaire du Parti d'Ukraine en 1938 ? Non. Au cœur de leur laboratoire, ils ne savaient que fomenter la dissidence et entretenir l'intelligence au détriment de la passion. Pouvait-on seulement compter sur eux pour obtenir une véritable réponse ? s'interrogea Khrouchtchev, avant d'abandonner en silence Korolev et Glouchko.

Interdits, ils regardèrent le petit homme trapu et rondouillard gagner à pas rapides la sortie de la gigantesque salle de contrôle.

Dans le long couloir, tunnel aux parois brutes de béton, Nikita Khrouchtchev pensait retrouver un instant de calme, avant le lancement désormais imminent. Machinalement, il parcourut de la main le fond d'une de ses poches et en retira un paquet de cigarettes américaines. Hésitant quelques secondes à griller son plaisir dans un tel lieux, il finit par porter la Marlboro à sa bouche. Le goût âpre du filtre lui fit esquisser un rictus de dégoût.

— Peut-être désirez-vous du feu, camarade Premier Secrétaire ?

— Khomiakov !

Khrouchtchev faillit en perdre la sèche qui tenait désormais au fil gercé de ses lèvres. Son crâne dégarni offrit à la vue une veine saillante, qui sous le soudain rythme cardiaque battait à en exploser.

— Que faites-vous là, nom de Dieu ? Ce n'est pas le moment de venir m'emmerder. Je vous avais pourtant prévenue, et puis comment êtes-vous entrée ici ?

Une main fine aux ongles impeccables avança un briquet aux reflets dorés vers Khrouchtchev. Ce dernier détourna la tête, ôtant d'un geste nerveux la cigarette que la toute jeune femme lui proposait d'allumer.

— Clik ! Les moteurs se mettent en route. Clik ! Les tuyères s'enflamment...

— Arrêtez de jouer avec ce briquet, Khomiakov !

— Allons, Niki, appelez-moi Alexia. En souvenir de ces quelques nuits...

— Taisez-vous, ou je m'occupe de vous une fois pour toutes ! Ce que j'aurais d'ailleurs dû faire lors de notre dernière rencontre. Je pense que les vôtres auraient été satisfaits de se voir débarrasser d'un pareil crotale.

La jeune femme cligna des yeux ; lorsqu'elle les rouvrit Khrouchtchev put y lire, fugace, un éclair de haine farouche. Affolé, le Premier Secrétaire chercha vainement du regard un échappatoire.

— Les miens attendent beaucoup du bon déroulement des opérations d'aujourd'hui. Cependant ils tiennent à vous informer du décès malheureux d'un des vôtres.

— Foutez le camp ! Ou bien je préviens la sécurité ! s'emporta Khrouchtchev.

Elle dessina un rond parfait avec ses lèvres charnues et referma de son index le charmant orifice ainsi créé.

— Chuut ! Chuuut ! Écoute en silence, Nikita, écoute en silence et obéis. Tu le sais déjà, tu n'as pas d'autre choix. Sur l'île d'Olkhon, nos hommes ont dû abattre un certain Andreï Arkadevitch Bagdassarov...

— Arkadevitch Bagdassarov ? Je ne vois pas très bien.

Khrouchtchev referma le poing sur la sueur qui lui avait envahi la paume. Il observait ce félin qui se tenait devant lui, avec toute l'arrogance que sa jeunesse autorisait. Sa mémoire se raviva sous les feux du regard d'Alexia. Les cendres, vives, taquinèrent un instant ses tempes ruisselantes. Il en oublia le danger, se laissant surprendre à regretter l'impétuosité dont Alexia Khomiakov savait faire don.

— Une bavure lors de la récupération du numéro 21. En pleine tempête sur le Baïkal, on ne pensait pas tomber sur autre chose que des phoques !

— Ah ! Vous avez donc fini par le récupérer, soupira Khrouchtchev, sans paraître se soucier le moins du monde du sort du malheureux.

— On finit toujours par les récupérer. Mais ça ne les décourage pas pour autant ! C'est un véritable problème... Enfin, j'espère que la disparition du fils de l'un de vos commissaires politiques ne va pas troubler la bonne marche de notre commun dessein.

Khrouchtchev observa le contour charnu des lèvres d'Alexia, rehaussé par un rouge carmin qui lui donnait cet air vulgaire dont il raffolait. Il sentit monter une excitation indigne. Elle parut deviner la tension, le conflit naissant en lui, esquissa une moue sensuelle mais se refusa pourtant à s'en amuser, préférant lui porter l'estocade.

— Niki, ils pensent que tu n'es pas en mesure de porter le projet à maturation. Et cela les effraie tellement, qu'ils te font endosser la responsabilité des petits tracas que nous avons connus ces derniers temps.

— Ah, ça ! Je... Je ne...

Khrouchtchev se mit à tousser. Comme si la colère tout entière traversait sa trachée à grands renforts de spasmes et d'irritations.

— Niki, allons Niki, tu vas manquer le spectacle, mon grand grizzli ! Même s'il retombera rapidement pour finir par brûler dans l'atmosphère, je ne voudrais pas te gâcher ton petit plaisir.

Elle se retourna sans un autre mot pour celui qu'elle venait de mettre à terre. Il resta un instant pantelant, adossé contre un mur de ciment brut. Le contact glacial de cette matière rugueuse l'apaisa quelque peu. Le couloir était désormais désert, Alexia avait disparu, plus personne ne s'affairait dans les coursives et Nikita Khrouchtchev savait pourquoi.

D'un pas rapide bien qu'encore mal assuré, il se dirigea vers la salle de contrôle. Les tuyères de la Semiorka allaient commencer à rugir d'ici quelques secondes : il ne pouvait manquer cet instant.

Après-midi du 3 mai 1999

New York

Il ne s'était rien passé. À la grande stupeur d'un Howie mortifié, personne ne s'était inquiété, chez Owen Gary & Mulder, de l'intrusion électronique de Janus. Les heures s'étaient écoulées, pareilles à celles des autres jours, égrenant leur tic-tac magistral sur les dantesques cadrans du hall. Howie les avait comptées, elles avaient toutes résonné jusqu'au plus profond de son cerveau, usant, laminant sa fibre nerveuse. Cependant et malgré toutes les projections, tous les schémas, toutes ses inquiétudes, Howie avait terminé sa journée de labeur.

En quittant l'enceinte du gigantesque building, il avait pourtant senti peser sur lui une menace. Quelque chose du haut de cette immense tour lui accordait un répit momentané, faisant mesurer à sa proie toute l'étendue de son ombre. Quelque chose ou quelqu'un savait, et sous la fine pluie sale de cette fin d'après-midi, Howie grelotta.

Les rues de Wall Street étaient engorgées. La mauvaise heure produisait son lot de victimes, automobilistes rageurs, chauffeurs de taxi grossiers, piétons pressés d'en finir avec le crachin huileux. Une sirène au loin, toujours, qui rappelait que l'insécurité n'avait pas entièrement quitté la ville. La gangrène ne quitte jamais facilement une jambe. La mairie l'avait juste repoussée au-delà du pont de Brooklyn, à grands coups de pied médiatiques.

Howie s'accommodait d'habitude très bien de ce chaos urbain, s'en amusait parfois, préférant de loin la cohue à l'anonymat. Aujourd'hui pourtant, ses yeux ne décollaient pas du trottoir bitumeux sur lequel gisaient, inertes, les excréments de la cité. Perdu en plein cœur d'une panique irraisonnée, il marchait au rythme de son ombre, esquissant par intermittence quelques tentatives pour regarder derrière lui. À l'angle de Water Street et de Beekman Street, alors qu'il ne lui restait que quelques mètres à franchir pour enfin regagner son appartement, Howie s'immobilisa. C'est à peine si les passants remarquèrent l'énergumène qui venait de s'arrêter au beau milieu de l'une des artères principales de Seaport. Le grain, que la proximité de l'océan renforçait, venait battre la face d'Howie, qui ne parvenait plus à mettre un pied devant l'autre tant il était absorbé par ses pensées. Tout ce bordel n'était qu'un coup monté par Byon et sa clique d'informaticiens tarés. Les gens normaux ignoraient ce qu'un cervelet binaire était capable de fomenter, se dit-il. Un test grandeur nature, voilà ce qui venait de se dérouler ce matin. Et après évaluation, synthèse et débriefing, Howie se verrait convoqué, humilié et radié des listings de la firme avec la mention : « Collaborateur potentiellement dangereux ». Autant dire qu'il ne retrouverait pas un boulot de sitôt et surtout pas à Manhattan. Alors qu'un groupe de touristes coréens, qui visiblement revenait d'une visite à Ellis Island, encerclait dans la joie et la bonne humeur un Howie toujours plus empêtré dans ses projections mentales, Am déboula de Beekman Street. Elle ne reconnut pas immédiatement Howie, tant la pluie lui avait plaqué les cheveux sur le crâne, figeant son faciès dans une pose de statuaire.

— Eh ! Tu comptes faire le pingouin toute la soirée, ou bien t'as plus de baignoire dans ton appart ?

Am était protégée par un parapluie à l'effigie de Darth Vader. Howie, toujours incapable du moindre mouvement, y fut sensible.

— Un peu daté ton pépin : *L'Empire contre-attaque*, si je ne m'abuse ?

— Je suis sans doute pas à la page, mais toi tu me sembles un tantinet à l'ouest. (Am tenta de les protéger tous les deux de la pluie désormais battante :) Qu'est-ce que tu fiches, planté là comme un couillon, t'as cinquante mètres à faire et t'es chez toi !

— C'est rien, je savoure la mousson.

Elle lui tendit un mouchoir en tissu à carreaux bleus, qu'elle venait de sortir de la poche de sa parka.

— Merci, Am !

Il s'essuya le front et dégorgea ses gros sourcils bruns de leur trop-plein d'humidité.

Am lui sourit et cela le réchauffa, sans pour autant le rassurer, ni faire taire son anxiété.

— Tu veux que je te raccompagne ? interrogea Am, subitement inquiète.

Howie hésita un instant puis lui rendit son mouchoir. Elle attendait une réponse, il lui était impossible de lui en fournir une. Ayant retrouvé l'usage de ses jambes, il se contenta de lui tourner le dos en marmonnant quelques bribes concernant ses préoccupations du moment.

— Tu n'habites pas sur Endor, mon petit Ewok, au moins j'espère que tu es au parfum !

Am le regarda s'éloigner, un peu triste de ne pas avoir été plus utile. Elle haussa les épaules de dépit et repartit en quête de flétans frais pour son service du soir, tout en se disant qu'après tout, elle n'était pas la petite sœur des pauvres.

Howie s'affala dans son canapé au cuir élimé. Il sentit les vieux ressorts gémir sous le choc, et s'amusa un instant à rebondir de couinements en grincements, de crissements en couinements. Son appartement disparaissait sous un monceau de matières inutiles. Ça le rassurait : d'un coup d'œil, d'un seul, il maîtrisait son environnement. Le rangement provoquait la recherche, de la recherche naissait à coup sûr la fatigue. Howie se foutait de ce bordel dans lequel il vivait. Ce soir, les piles de disques vinyles l'inspiraient : sans ces tours dressées vers la laque fissurée de son plafond, il en serait quitte pour une violente déprime. Étalé comme un cochon dans sa fange, il ferma les yeux et pointa son index en direction du capharnaüm. D'un petit moulinet faussement aléatoire, Howie imprima à son doigt la direction à suivre pour libérer son estomac de la peur et son esprit de la torpeur.

Pochette en carton blanc légèrement jaunie, patinée par quelques taches de bière, l'objet se tenait là, engoncé – allez savoir pourquoi – entre Brian Wilson et Nick Drake. Babel résista aux tremblements successifs de ses fondations et libéra sa pierre angulaire. Format maxi 45 tours, aux sillons parfaits, qu'Howie religieusement ôta de sa gangue protectrice en papier et plastique mêlés.

Il souffla sur le diamant de sa platine Thorens, priant pour que la courroie veuille bien tenir encore sept minutes et vingt-neuf secondes. L'ampli distribua instantanément quelques grésillements aux quatre enceintes réparties dans le double living, avant d'émettre les premières pulsations d'infrabasses sur lesquelles Howie commença à se trémousser. Le *Blue Monday* de New Order emplit les volumes de l'appartement, prit possession de son locataire et répandit jusque dans la rue ses nappes synthétiques et hypnotiques.

Howie arpenta en une danse tribale les méandres de son refuge. Ouvrant le Frigidaire du bout de l'orteil, ramassant une canette de bière au passage, arrachant l'opercule d'aluminium avec ses dents, Howie atteignit la transe, oublia l'angoisse. C'est seulement lorsque dans un hoquet monstrueux la boîte à rythmes s'entêta à répéter le même beat, qu'il s'aperçut que sur l'écran de l'ordinateur, l'indicateur de son courrier électronique s'affolait.

Le moniteur 17 pouces affichait un économiseur d'écran pour le moins surprenant. Des fouines en tenue Blues Brothers, costumes noirs et lunettes aux verres teintés, arpentaient la diagonale cathodique, esquissant un déhanché à faire pâlir Dan Ackroyd. Alors qu'un petit fanion, pareil à celui qui donne le départ des courses automobiles, s'agitait sporadiquement dans le coin droit de l'écran, Howie y pointa le curseur de sa souris et cliqua deux fois sur l'icône en mouvement.

— Le conflit s'étend.

Nous sommes trop peu nombreux.

Au commencement de tout principe, on trouve le principe premier !

Tu m'as longtemps cherché, trouve-moi...

Lapidaires, les phrases venaient de s'afficher en lettres luminescentes. Howie ne put réprimer un haut-le-cœur aux vagues relents de Budweiser, que suivit de près une sonore éructation. La canette encore remplie pour moitié se vit propulser jusqu'aux tréfonds d'une poubelle métallique, provoquant lors de son impact un vacarme à perforer un tympan. Sur la platine, le disque tournait encore ; à chaque révolution une large cicatrice renvoyait la pointe du diamant dans le même microsillon. Le temps semblait suspendu, figé en une seconde quasi mystique. Même l'air conditionné, étrangement, refusait de se recycler en cet instant troublant.

Mécaniquement, Howie laissa courir ses doigts sur le clavier. Il allait réclamer l'aide d'un moteur de recherche, ces puissants scrutateurs qui parcourent le réseau en recensant les moindres acteurs, traquent la moindre parcelle d'information. Pas le temps de rejoindre la cabine téléphonique habituelle pour rechercher un outdial, une ligne de sortie pour accéder gratuitement au Net. Arguant de la célèbre doctrine du *Hacker Manifesto*, bible du renégat électronique rédigée par *The Mentor* : « Si les services n'étaient pas si chers, nul ne les piraterait. », il arrivait fréquemment à Howie de resquiller. Il lui suffisait, par exemple, de passer des numéros d'appel reliés à des autocommutateurs, pareils aux fameux numéros commerciaux gratuits, pour se passer de provider et surfer en toute impunité.

PRINCIPES MORALIS

Ces mots s'affichèrent en lettres capitales dans la fenêtre de recherche. Howie les contempla quelques secondes, hésitant, puis enfonça la touche entrée de son clavier. Son index se figea, comme englué, augmentant la pression au risque d'endommager son matériel. Puis l'instant de la délivrance arriva, ses paupières esquissèrent un tremblement organique, la poursuite était entamée. Le moteur allait déployer ses dantesques tentacules à travers le réseau mondial, s'acharnant à renseigner la thématique demandée. Cela prendrait de quelques secondes à quelques minutes pour qu'Howie dispose d'un échantillon conséquent. Le chalut binaire – l'image plaisait à Howie –, ne remontait pas que du poisson noble. Parfois, en sondant jusqu'aux fosses abyssales de l'information mondiale, c'étaient pêle-mêle : renseignements difformes, tuyaux malsains, dépêches sans intérêt... que l'on retrouvait prisonniers des mailles de son micro.

Malgré ses désagréments, Howie avait toujours été fasciné par ce pendant du Net : partir dans une direction, en découvrir de nouvelles, perdre son chemin originel pour au final patauger dans un flux de communication permanent...

`- Recherche terminée.`
`Aucune réponse proposée.`
`Voulez-vous compléter votre recherche ?`

L'écran s'était figé dans l'attente d'une réponse de son hôte. Howie prit la pose, les mains enserrant son cerveau au bord de la rupture d'anévrisme, de celui qui se sent impuissant à résoudre un problème. Comment pouvait-il affiner sa recherche avec le peu d'éléments dont il disposait ? De toute façon, le jeu en valait-il la chandelle ? Après toutes ces années de galère, de lutte contre lui-même et cette saloperie de société, allait-il à nouveau tout risquer sous prétexte qu'un illuminé du virtuel lui cherchait des poux ? Dans un flash violent, Howie se remémora ces nuits à arpenter les avenues sordides, à dormir dans la première impasse un peu moins insalubre que la précédente. Le froid qui anesthésie, la faim qui tenaille... non ! Rien ni personne ne le ferait plonger à nouveau dans ce cauchemar. Howie se leva d'un trait, repoussa violemment sa chaise sous son bureau et se dirigea vers la fenêtre dans l'espoir d'y trouver l'oxygène nécessaire à son retour au calme, à la doucereuse quiétude de la nuit.

Alors qu'il humait l'air encanaillé par les relents de sardines et de maquereaux fraîchement débarqués de leur camion réfrigéré, la pluie s'achevait en bribes de gouttelettes. Le ciel s'était ouvert par endroits, Howie pouvait même deviner entre les nuages à présent déchirés, la lumière froide des constellations, l'éclat des étoiles mortes.

Il décida de sortir.

De l'air vicié du *Q-Base* s'échappaient au hasard des cris, des rires et quelques voix plus graves, plus sonores. Quelques costauds adossés au comptoir reluquaient Am, leur regard dégoulinant de vulgarité, et cette vulgarité s'imbibait de bière à la pression. Chaque table hébergeait son lot d'habitués, autant de clans : les Viets de l'Upper, les cousins de Tribecca, les jeunots de Brooklyn.

Vingt-trois heures demeurait le moment que chacun affectionnait. L'atmosphère saturée par le tabac brun s'était suffisamment épaissie pour dissimuler les visages creusés, pour masquer peines et désillusions. Vingt-trois heures, c'était l'heure d'Howie, ce soir plus que tout autre.

— Am ! Am ! C'est quoi ce bouge ? T'es en charge de tous les débris de l'univers ou quoi ! hurla Howie à celle qui, trop affairée, se contenta de répondre sans même le regarder.

— Tiens, t'as fini par émerger de ton brou de noix ! Quelque part, ça me rassure de te savoir ici ; c'est pourtant pas mon habitude de m'inquiéter pour les autres ! Enfin, tu devrais t'installer à la table de Nemo, l'est en grande conversation avec un type qui risque fort de te plaire...

Toujours sans lui adresser le moindre regard, Am indiqua d'un geste de la main la direction à suivre. Howie esquissa sans succès une nouvelle tentative de dialogue, pour finalement se rabattre vers l'une des quelques tables en tek aux courbes arrondies, qui parsemaient la surface du lieu. Une forme grise fit mine de s'agiter à son approche ; à ses côtés se tenait un jeune homme aux allures de dandy technoïde.

— Je rêve les yeux grands ouverts ! Je vous le dis à tous, mon cauchemar récurrent est de retour sous la forme d'un sale youpin, américain de surcroît.

— Tout doux, Nem, pas la peine de faire ton cirque. Tu sais bien que notre monde n'accorde aucun crédit aux paroles d'un clodo, fût-il aussi céleste que toi.

C'était un petit homme qui venait de se lever pour saluer Howie d'une chaleureuse accolade. À peine s'il arrivait aux épaules de ce dernier. Des rides parcouraient son visage comme des sillons tracés dans la terre grasse du Milwaukee, tandis que de ses yeux verts s'échappait une lueur quasi imperceptible, laissant augurer une vivacité intellectuelle peu ordinaire. Il fallait s'attarder sur ses vêtements pour comprendre d'où venaient ces soixante-neuf années entassées sur des épaules voûtées, presque écroulées. Une veste au tweed au mieux élimé, au pire déchiré, recouvrait un pull-over à col ras aux taches innommables. Des pans de chemise tentaient de se défaire de l'emprise d'un pantalon à pince gris sale tandis que des mocassins au cuir râpé menaçaient de perdre leur semelle à tout instant.

Nemo appartenait à la maudite race des sans-abri, anomalie d'un peuple sans mémoire, excroissance maligne irritant la peau lisse du succès. Espèce mutante qui, quelques mètres sous terre, dans le grondement des motrices du métro ou à la surface, nantie des restes de la civilisation, développait, sans rémission possible, la tumeur du siècle. Maladie sans véritable remède que générait une société incapable d'intégrer la défaite, la débâcle, ou même simplement le renoncement. Au plus profond d'une nuit, Howie avait imaginé la fin de ce monde, dans l'ivresse grasse d'un fond de bouteille sans millésime. Des milliers de Nemo, la marche lente, une armée de crève-la-dalle dressée comme un seul homme, enfin debout. La lente reconquête de l'imperfection, le règne de la souillure, la mise à mort de l'aseptisé : les visions d'Howie s'étaient succédé en flashes de plus en plus lumineux. Puis s'étaient fondues dans les ténèbres de l'impasse, ne trouvant d'écho que dans les miaulements des chats en rut.

— Faut que je te présente ! Viens, faut absolument que je te présente...

Le dénommé Nemo portait sans aucun doute en lui les germes de la misère crasse, mais arborait une dignité rayonnante. C'est fébrilement, comme mué par une formidable énergie, qu'il poussa Howie dans un siège tout en gesticulant et s'exclamant.

— Nem, faudrait voir... esquissa Howie, immédiatement interrompu.

— Ça ne te branche pas d'en savoir un peu plus sur une scène de bataille que l'on a affirmée intournable ?

Nemo jubilait ; ses yeux déjà vifs brûlaient désormais d'une flamme presque adolescente. Quant à Howie, il éprouva à ces derniers mots un regain d'intérêt certain, allant jusqu'à poser ses coudes sur la table.

— Je vois que tu commences à saisir. On va donc pouvoir causer. En face de toi, à notre table tu as un gars dénommé Roy Medvedev.

Un homme jeune, une trentaine d'années au plus, adressa à Howie, un large sourire. Il semblait amusé par les pirouettes cartoonesque de l'ami Nemo. Ce spécimen, pensa instinctivement Howie, fait partie de la caste des *ravers* dopés à l'acide ; un nightclubber, sans aucun doute.

— Enchanté, mec ! lança-t-il en propulsant sa main vers Howie.

— Salut, prononça mollement ce dernier, tout en dévisageant le visage bronzé aux ultraviolets qui venait de lui adresser la parole.

— Nemo m'a lâché quelques indiscrétions à ton sujet...

— Rien de compromettant, en tout cas, corrigea ce dernier en se grattant les genoux.

— Et il se trouve que je dispose de certaines pièces manquant à ton puzzle !

Howie était partagé entre l'envie de foutre le camp, et l'intuition que le pédant affalé en face de lui pouvait distiller, bière aidant, quelques bribes d'un savoir précieux.

— Am, Am ! (Howie, le bras levé, tenta d'attirer l'attention de la maîtresse des lieux.) Ramène donc un ravitaillement spécial !

Le *Q-Base* avait pris des allures chaotiques : le brouillard de nicotine avait épaissi sans que la foule, de plus en plus compacte, ne semble s'en préoccuper. Les rires de plus en plus gras relayaient les cris et les heurts sans gravité. De minuscules enceintes distillaient une musique de fond dont seule l'oreille avertie d'Howie parvenait à dessiner le spectre. Am, la frange dégoulinante de sueur, arborait un sourire commercial à toute épreuve. D'un mouvement, elle saisit trois Barons. Jouant de ses doigts comme sur un piano, elle parvint à remplir sous le jet puissant de la pression les trois énormes verres et profita de l'occasion pour attraper une corbeille en osier de tortilla chips.

— Une bataille. Imaginez une bataille

presque intégralement tournée en images de synthèse !

— Ouais, on en a parlé un moment : des rumeurs sur le Net démenties très rapidement par les plus grands de l'animation. Trop de puissance de calcul... Plans de foules irréalisables...

Howie endossait le rôle du blasé, ponctuant chaque temps mort d'un léger souffle induit par une moue à la limite de la correction.

— Ah ouais, ben alors ce ne sont pas des Gungans que j'ai vus récemment donner la réplique aux droïdes de la Fédération du Commerce ! Au moins huit mille personnages animés...

— Psst, faut que tu conseilles à ton pote de se faire au plus vite une intraveineuse de caféine. Je pense qu'il a perdu le sens de la réalité. Ce putain d'acide, ça vous ronge la cervelle...

Howie avait plaqué énormément de mépris sur la surface rugueuse de sa réplique, trop au goût de Nemo.

— Eh, je te sens sur la brèche, mon gars. Je t'ai connu plus ouvert et surtout plus aimable. Faut croire que la bière arrive trop tard... pas vrai, Am ?

— J'ai pas tout suivi, mon vieux Nemo, mais ce qui est certain c'est qu'avec une bonne mousseuse, notre Howie risque de reprendre du poil de la bête !

Am arrivait à leur table telle une féline à la hauteur de sa proie, triomphante, les pupilles dilatées. En salle, elle avait dû affronter les blagues salaces, esquiver quelques mains velues en quête de velouté et maintenir à flot les chopes dont l'écume ne demandait qu'à venir s'écraser sur les lames de tek du parquet. Mais, arrivée à destination, Am ne connaissait plus que la joie de son métier : la jubilation de distribuer du mieux-être. Oh, pas du bonheur, non : elle avait trop vite appris à mesurer avec exactitude la densité de ce qu'elle semait nuit après nuit au *Q*. Simplement, la chaleur distillée avec gentillesse suffisait parfois à redonner de l'élan, à reprendre du souffle, à accompagner le verre d'alcool blanc d'une présence et non d'un spectre.

— Ah, vous prenez tout de travers ! s'exclama Howie, suspendu aux lèvres de Am. C'est juste que j'émets une certaine réserve quant aux assertions de monsieur, voilà tout.

— Roy, appelle-moi Roy. Y a pas de mal, mec, y a pas de mal ! Un peu de rentre-dedans, ça n'a jamais dérangé personne. Et puis après tout, je peux facilement te couper l'herbe sous le pied, s'esclaffa-t-il en brandissant soudainement un DVD-RW. Y a tout là-dedans, compressé et gravé il y a trois jours.

— Putain de Dieu, qu'est-ce que c'est que ce bordel ? Eh, Nem, c'est qui, ton pote, un fanfaron de première classe ou un animateur de chez ILM ?

Howie s'exclama si fort qu'il faillit tomber à la renverse. Nemo pensa d'abord que sa chaise allait céder dans un grincement aussi sonore, puis il se ravisa en observant Howie jouer en équilibre sur les deux pieds restants de son siège.

— Ni l'un ni l'autre, mon petit, à vrai dire

je ne connaissais pas Roy avant ce soir. Ce que je peux simplement te dire, c'est qu'il ne ment pas. Crois-moi, mon instinct m'a jamais joué de tour, c'est à lui que je dois d'avoir survécu à la rue. Le gars qui se trouve en face de toi ne fabule pas : s'il te dit que son foutu disque contient ce qu'il prétend, alors c'est que ce foutu disque...

Le dénommé Roy sirotait sa bière tranquillement, alors que sous le coup de l'excitation, Howie et Nemo en avaient déjà terminé avec leur nectar respectif. Le jeune homme semblait s'amuser de la situation, jouant de la curiosité d'Howie, profitant de la confiance bienvenue de Nemo. Un rictus clownesque modelait son visage, accentuant ses traits juvéniles.

Howie se demanda quel âge pouvait bien porter pareil faciès : guère plus de vingt ans finalement, sans doute vingt-deux.

— D'ailleurs, si tu veux visionner le tout, y a pas de problème.

Medvedev sortit du sac calé entre ses jambes un mini-lecteur de DVD. Il l'ouvrit en deux, laissant apparaître un minuscule écran LCD, et le posa au beau milieu de la table. Howie n'en crut pas ses yeux.

— Putain, c'est que cet enfoiré a du matos ! clama-t-il, les yeux rivés au plafond.

— T'es prêt pour le décollage ?

Medvedev introduisit la rondelle dans le lecteur et le poussa vers Howie.

— Tu t'enfermes dans les chiottes et t'appuies sur *play*, et s'il te plaît crie pas trop fort, pourrait y avoir méprise !

Howie ne savait plus sur quel pied danser.

— Vas-y, reste pas planté là comme un navet, l'encouragea Nemo.

La nuit avait avancé sans que personne au *Q* ne semble s'en inquiéter. Sur les quais erraient quelques ombres, une bouteille à la main, saluant les rats de l'autre. Les patrouilles de police activaient de temps à autre leur gyrophare, donnant de la sirène dont l'écho se perdait dans les vapeurs de l'Hudson. New York paraissait endormie ; illusion nocturne, la cité ne sommeillait jamais.

Howie, le cul en suspens au-dessus de la cuvette des toilettes, cherchait son équilibre tout en visionnant des passages inédits du premier épisode de *Star Wars*. Medvedev possédait bel et bien une version montée du film, c'était incroyable et pourtant véritable, tangible. Plusieurs fois, Howie faillit partir à la renverse sous la force de ses propres exclamations : tout juste s'il ne se retrouva pas à patauger dans l'eau chlorée de la tinette. La jouissance du moment lui fit oublier les préoccupations de la journée : plus d'inquiétude pour Howie, chaque particule de son existence avait retrouvé sa juste place. Jusqu'à ce que Nemo vienne le ramener à la réalité en tambourinant contre la porte.

— Eh, Howie ! Ça fait plus d'une heure qu'on t'attend ! Y serait temps de libérer les lieux, y a des mecs qui commencent à en avoir marre d'aller pisser dehors.

— Ouais, et en grande partie, ils appartiennent à ma clientèle, alors pousse pas le bouchon trop loin, mon petit Ewok ! Même si t'as la courante, ça justifie pas un pareil bordel ! surenchérit d'une voix grave, presque militaire, Am qui se tenait en retrait juste derrière Nemo.

Howie, qui ne souhaitait pas entrer en conflit avec de si jolis yeux, s'échappa promptement des toilettes sans même regarder Am. Il effleura l'épaule de Nemo comme pour le remercier et se précipita vers la table à laquelle il avait abandonné Roy. Il s'ensuivit une longue et interminable polémique, entrecoupée de gorgées de Budweiser et du craquèlement des tortillas que le guacamole arrivait à peine à attendrir.

Nemo battit en retraite bien avant la fin du débat. Et ce fut Am qui, après avoir nettoyé la salle, leur proposa de terminer ailleurs. Les deux compères s'en offusquèrent, mais la patronne n'était plus d'humeur. À 5 heures passées du matin, elle n'avait qu'une hâte : se débarrasser de ces deux sangsues et retrouver sa grosse couette garnie de plumes d'oie.

— Bonne nuit, Am ! Merci encore de ton accueil, on s'en souviendra ! beugla Howie, que l'alcool avait rendu plus qu'indigeste.

Am lui répondit avec un majeur dressé du plus bel effet.

— Allez, calme-toi, elle est claquée, faut comprendre, esquissa un Medvedev aviné mais serein.

— Et moi... Hein ? Et moi, tu crois que je suis pas claqué ! Bordel de merde, je suis plus que claqué, je suis définitivement... claqué.

— Bien, au moins j'espère que tu sais encore où tu crèches. Parce que ça me dit pas grand-chose d'arpenter les avenues avec un paumé dans cet état de décrépitude.

Howie sembla ne pas prêter attention aux propos de Medvedev et lui fit signe de le suivre. Pour Roy, ramener à ses quartiers un homme en peine paraissait une évidence. Pas question de lâcher Howie dans la nature avec un pareil taux d'alcoolémie.

« Quand on passe la serpillière, on l'essore après et on vide le seau, sinon c'est pas la peine », pensa-t-il. Un vieux dicton que sa mère avait ressassé pendant plus de trente ans à son père et qui servait désormais à Roy pour illustrer, auprès des copains de biture, bon nombre de quiproquos plus ou moins cocasses.

Les cinq cents mètres qui séparaient le Pier 17 de l'appartement de Howie parurent interminables à Roy. Ce dernier devait sans cesse rattraper par le col un Howie chancelant et transpirant de bière, tout en prenant garde que les débordements verbaux du pochard ne heurtent pas les tympans de l'une de ses ombres au regard vide et mauvais que l'on croise aux heures tardives de Fulton Street. Lorsque Howie s'en prit à la coquette vitrine d'un restaurant répondant au sympathique nom de *Let's Make A Daiquiri*, avec pour unique but de fracasser la devanture à coups de pied, Roy pensa un instant le larguer là. Planter cet imbécile qu'il ne connaissait pas il y avait encore seulement quelques heures, sauter dans un taxi et regagner ses pénates.

Cependant, Roy estimait qu'il y avait en Howie du potentiel ; leur longue discussion à propos du dernier film de Lucas le confirmait. À ses yeux, il apparaissait clairement qu'il pouvait retirer énormément de cette rencontre impromptue. Et cela justifiait de supporter encore quelques minutes les beuglements atroces et vulgaires, l'odeur âcre de la bile, ainsi que les coups répétés dans le tibia gauche.

— Là... c'est là que le bon Samaritain dépose sa grosse merde de Bernstein ! hurla Howie, assis devant le numéro 9 de Beekman Street.

— T'es sûr que c'est bien ici que tu habites ? questionna Roy, en faisant mine de l'aider à se relever du caniveau dans lequel il venait de se laisser glisser.

— Eh bordel, j'ai trempé mon froc...

— Tu peux me donner ton code, au lieu de brailler ? Ça me permettrait d'en finir avec ta gueule d'ange et tes remarques à la con.

— Je sais plus, marmonna Howie.

— Comment ça, tu sais plus ! Tu te fous de moi ou quoi ? Balance ton code et magne, je commence à perdre patience, merde !

Roy assortit sa tirade de vastes moulinets, usant de ses bras comme de couperets, fendant l'air humide de la nuit en des mouvements amples et brefs. L'autre ne le regardait même pas, s'amusant désormais à tenter de faire voguer sur les flots impétueux du canal d'évacuation un étron canin. Dans la rue déserte, les deux hommes demeurèrent un long moment silencieux, l'un à bout de forces, l'autre au bout de sa nuit intérieure. Puis une bouffée d'air marin vint s'engouffrer furieusement sous le métro aérien, léchant FDR Drive, ricochant jusqu'aux narines de Howie, heurtant Roy sans le déranger. Bernstein se releva alors, tituba jusqu'au digicode et entreprit de retrouver du bout de l'index droit la combinaison qui lui autoriserait l'accès. Roy s'approcha pour s'assurer que la porte allait bel et bien céder. Et au bout de quelques secondes, le miracle se produisit : les gonds se mirent à grincer et le battant de la porte partit se fracasser contre l'un des murs du hall, repoussant au passage une poubelle qui, sous le choc, déversa ses immondices sur le carrelage.

— Putain, t'avais pas besoin de bouriner comme un taré ! C'est pas dieu possible, un connard pareil ! s'exclama Roy.

— Fais pas chier... fais pas chier... fais pas chier...

Ce fut tout ce que Howie trouva à répondre, et il le répéta jusqu'en haut des escaliers, jusqu'à ce que Roy entende un nouvel et effroyable claquement : la porte du palier.

— C'est pas trop tôt, murmura ce dernier en regardant sa montre qui indiquait une heure bien trop avancée, et en regagnant le trottoir de Beekman Street.

Dire ce qui s'est passé après cet instant de soulagement, Roy ne sut jamais l'expliquer véritablement. Une seule chose était certaine pour lui : il se serait attendu à tout, sauf à ça.

Un croiseur interstellaire se serait crashé sur le World Trade Center, que cela lui aurait semblé naturel. Mais mesurer à l'aune de sa chair la puissance d'une explosion, c'était une tout autre affaire. Il y eut d'abord comme un frisson, un tassement de l'atmosphère. L'air sembla se figer puis manquer, puis disparaître, aspiré par une terrible force. Roy voulut crier, plus par peur que par conscience réelle de ce qui se produisait. Mais le vacarme assourdissant anéantit toute tentative, toute volonté, jusqu'aux sensations mêmes. En effet, le jeune homme ne sentit que très tardivement la morsure de la chaleur et l'impact du verre projeté. Il fut soulevé, arraché par un souffle invisible, envoyé à trente mètres de son point d'origine. Et c'est le cul sur le bitume de Beekman Street, en plein milieu de la voie, que Roy put constater l'horreur dans son habit d'effroi.

Sur l'immeuble qui abritait l'appartement d'Howie s'était greffé un nuage de poussières. À hauteur du second étage, on ne distinguait plus qu'un amas de poutres en acier offrant leurs formes distordues à un mur de briques éventré. Des bris de toutes sortes jonchaient la rue. Roy, bouche bée, se regarda les mains puis les bras, chercha ses jambes comme pour se rassurer. Comme s'il venait de comprendre en cette seconde que son corps subissait les retombées d'une explosion qui avait entièrement détruit la moitié du bâtiment.

Tandis que les premiers badauds, alertés par la puissance sonore de la déflagration, commençaient à irriguer Water Street, Roy, le visage couvert d'ecchymoses, tenta de se relever. Un éclair de douleur irradia sa jambe droite et le força à s'immobiliser. C'est alors qu'il remarqua une excroissance au niveau de son genou : son pantalon taché de sang laissait entendre que l'os du tibia s'était rompu et avait déchiré la chair sous le choc. La fracture était bel et bien ouverte. Roy pensa à Howie avant de s'évanouir.

[illegible]. Un élan de douleur traversa sa jambe

avant de s'évanouir.

27 octobre 1957

Moscou, appartements privés du Kremlin

Cette année, la neige avait fait irruption précocement dans la vie quotidienne des Moscovites. De gros flocons poussés par un puissant vent d'est avaient recouvert la capitale dans la nuit, l'ensevelissant sous un manteau de vingt bons centimètres. Des faubourgs jusqu'à la Place Rouge, cette matinée revêtait les atours et la rigueur du fameux climat continental soviétique.

À la vue des toits blanchis et des rues encore immaculées, Khrouchtchev écarquilla les yeux, comme pour envelopper d'un seul regard la vue panoramique qui s'offrait à lui. Tant de pureté, pensa-t-il, tant de sérénité, que bientôt chacun foulera du pied. La paume sur la vitre froide de sa chambre, le Secrétaire général essaya de se souvenir des instants d'innocence, de ses années où la venue des grands froids à Kalinovka, dans la région de Koursk, rimait avec les jeux du gamin qu'il était alors. Mais cela lui demandait trop d'efforts : il avait déjà suffisamment à faire avec le présent pour s'engluer dans un doucereux passé.

Il était l'homme qui avait détruit l'appareil stalinien de la terreur, réussi à réhabiliter des millions de victimes de l'arbitraire de naguère, éloigné de l'appareil politique les partisans de la ligne pure et dure du communisme. Nikita Khrouchtchev avait redonné à son pays ainsi qu'au monde occidental un espoir de démocratisation et d'ouverture, et il en portait tout le poids sur ses solides épaules d'ancien mineur. Mais il était également celui qui avait succombé aux charmes de cette femme encore endormie, lovée tel un serpent au creux de son lit.

— La chair est si faible, fredonna-t-il tout en contemplant les seins rebondis d'Alexia Khomiakov. Quel âge peux-tu donc avoir ? murmura-t-il, tout en se rapprochant du baldaquin.

— Est-ce que ce détail a véritablement une importance, Niki ? répondit Alexia, les yeux clos par la lourdeur du réveil.

— Je me suis toujours demandé ce qu'une... enfin une fille comme toi pouvait retirer d'une relation avec un vieux bonhomme de soixante-trois ans.

— Rassure-toi, mon Niki, on me paye le juste prix pour ça !

Elle se redressa tout en s'étirant, laissant glisser les draps et apparaître son corps entièrement nu. Alexia adressa un sourire discret au Premier Secrétaire, une moue qui laissait entendre qu'il n'avait aucune raison de se poser ce genre de question.

— C'est bien ce qui m'inquiète. C'est bien ce qui m'inquiète...

— Allons, mon grizzly, ne nous sommes-nous pas montrés généreux et compréhensifs ? N'avons-nous pas contribué à te faire devenir ce que tu es ? Seul, serais-tu venu à bout de Malenkov, Béria et Molotov ?

Tout en harcelant de ses questions celui qu'elle considérait comme un petit homme, Alexia commença à se rhabiller. On ne décelait à présent dans sa voix ni émotion, ni sensualité : la femme était redevenue professionnelle.

— Le triumvirat aurait implosé de lui-même, vous n'avez fait qu'amplifier sa chute ! clama le Premier Secrétaire dans un accès d'énervement.

— Peu importe, coupa d'un ton sec Alexia. Cesse de te comporter comme un gamin, et mets ton innocence originelle au placard. Tu as accepté notre marché, personne ne t'y obligeait. Tu as voulu goûter au pouvoir, connaître l'ivresse des sommets, alors maintenant ne viens pas gémir parce que tu commences à manquer d'oxygène !

Nikita Khrouchtev serra les poings, sentant ses tempes tressaillir. Il lui fallait canaliser le flot de colère qui charriait le limon de la haine à travers ses veines. Il était impératif qu'il se domine devant celle qui était redevenue son ennemie.

— Grâce à la satellisation de Spoutnik, nous allons pouvoir progresser dans nos recherches. Tu devrais t'en féliciter, Niki. D'après Lyssenko, ce sont au moins dix mois de gagnés sur le programme. Et si tu tiens bien ton rôle, la prochaine étape permettra à l'URSS d'envoyer un homme sur orbite.

— Et vous obtiendrez alors ce que vous recherchez, ponctua le Premier Secrétaire.

— Un grand pas pour la science, Niki, voilà ce que nous obtiendrons. L'humanité n'imagine même pas qu'elle se trouve à quelques instants d'une nouvelle ère. Les temps anciens sont révolus, tu n'y peux rien. Tu y contribues !

— L'humanité se tient au bord du gouffre... susurra Khrouchtev.

— Et elle s'y contemple, railla Alexia en claquant la porte de la chambre.

Le Premier Secrétaire demeura prostré un long moment, enferré dans le silence. Plusieurs fois, il essuya son front de la main, rabattant la sueur qui en perlait le long de ses tempes. Ses pensées s'égarèrent, le rendant à la merci de ses peurs. Pour la première fois de sa vie, il tremblait. Pas pour lui, non : pour l'avenir de cette civilisation.

PHASE TROISIÈME

Matinée du 4 mai 1999

Hall des urgences de l'hôpital Rushmore, Pointe sud de Manhattan, New York

— Les avis sont partagés... Certaines blouses blanches pensent que le petit va s'en sortir, ce sont eux qu'il faut croire.

— Oh, Nemo, c'est pas possible, Howie peut pas nous lâcher comme ça... sanglota Am.

— Je sais pas, je peux pas te dire, je veux pas te dire plus...

Le vieux enserra Am de toute la chaleur de son regard. Et ses yeux remplis d'espoir nourrirent suffisamment la jeune femme pour lui donner la force de ravaler ses larmes.

Ils poireautaient tous les deux depuis quatre heures dans le vaste hall des urgences, croisant la misère des hommes à chaque entrée dans le service. Se réchauffant de l'espresso infect que distillait un distributeur de boissons d'une autre époque. Attendant enfin des nouvelles d'Howie dont on n'avait ramassé le corps dans les décombres.

— Y disent qu'il a eu de la veine, le petit. S'il s'était pas trompé d'étage, on n'aurait rien retrouvé de lui.

— T'appelles ça de la chance, Nem ? Comment oses-tu appeler ça de la chance ? Merde, il est dans le coma...

— Am, crois-moi, le petit, il en a vu pas mal dans sa vie. Il a pas dit son dernier mot... Tiens, est-ce que seulement ce saligaud t'a raconté le fameux jour où il a bouffé de la pâtée pour chiens ?

— Qu'est-ce que tu racontes, Nem, j'ai vraiment pas le cœur à rire...

— Assieds-toi, faut absolument que je te mette au parfum.

Nemo invita Am à goûter au confort relatif des sièges en métal qui parsemaient le hall. Il fixa un long moment un jeune Afro-américain qui se tenait la tête entre les mains. Était-il comme eux, dépendant du bon vouloir de la médecine ? Attendait-il ? Savait-il ? Des enfants comme celui-là, Nemo en croisait de plus en plus : survêtement Champion USA, casquette arborant un crocodile européen, avec la hargne en plus. Certains l'avaient même insulté, voire menacé, pour rien. De pauvres gamins, définitivement abîmés, pour lesquels le maire de New York avait réouvert ses plus beaux établissements pénitentiaires.

Celui qui se tenait à quelques mètres de Am affichait quelque chose de touchant, confinant au tragique. C'est pour cela que Nemo tarda à reprendre le fil de son discours, tout empreint de compassion pour cet adolescent qu'il devinait brisé.

— Nem ? Tu ne te sens pas bien ? Tu es blanc comme un linge... s'inquiéta Am, qui observait le changement d'état soudain de son ami.

Un néon grésilla, ramenant Nemo à la surface des choses.

— Rien, rien de grave en tout cas. C'est juste cette putain de société, faudra bien un jour décider si on fait avec ou si on fait sans.

Am sourit sans véritablement comprendre. Elle lui prit la main et l'entraîna à s'asseoir. Elle avait beaucoup de tendresse pour cet homme : pour elle il représentait un chêne. Un arbre vénérable qui vous protégeait de son feuillage et prodiguait – à qui savait écouter – des conseils de vie sans nul autre pareil.

— Alors, dis-moi, c'est quoi au juste cette affaire de pâtée pour chiens ?

— Tu connais bien Howie ?

Am chercha en elle quelques secondes.

— Oui et non. À vrai dire, ce qu'il y a entre Howie et moi relève plus de l'évidence que de longs épanchements.

— Hum, ça c'est plutôt bon signe... Enfin, je pense qu'il m'en voudra pas d'arracher un bout, un petit bout de son existence. J'ai connu Howie à Brooklyn en août 1990 : un été de merde, une chaleur de merde dans le quartier le plus merdique qui soit. Sa petite gueule d'ange venait de se faire arranger par les gars d'un certain Mineli, Tonino Mineli. Une petite frappe qui se prenait pour le caïd dans le secteur et qui ratissait large, entre les proxénètes et les bookmakers. Arcades sourcilières défoncées, dent cassée, le tableau n'était pas reluisant. Dire que j'ai jamais su pourquoi Howie avait cherché des morpions à un mec pareil !

Nemo arborait un étrange sourire, légèrement décalé. Am l'observait, l'écoutait sans oser l'interrompre alors que mille interrogations l'assaillaient.

— Je tombe dessus dans une impasse. Un paquet gémissant et sanguinolent, enfoui sous une montagne d'immondices, voilà à quoi y ressemblait le môme, la première fois. Moi à l'époque j'avais déjà pas grand-chose, mais je décide de le prendre sous mon aile. Pendant les jours qui suivirent, j'eus l'impression de causer à un mort-vivant, tant le gamin refusait le dialogue. Ses yeux semblaient noyés, perdus quelque part où plus personne ne pouvait aller à part lui. Ça m'a foutu la trouille, parce que je me suis dit que ce bonhomme-là, il lui fallait plus sûrement un psychiatre qu'un Virgile. Et puis, un soir, c'est venu. J'allais m'endormir sous mes cartons, lorsque la voix d'Howie se met à chuchoter, à bruire sans retenue. L'abandon des parents, l'éducation stricte d'un rabbin, la recherche du père durant de longues années, tout y passa. Eh bien crois-moi, à deux heures du matin, pour fêter l'événement, on s'est torché un fond de boîte pour gros chiens de salopes friquées.

Am ne put réprimer une moue de dégoût.

— Dégueulasse, c'est dégueulasse !

— Pas tant que ça, ma petite demoiselle. En tout cas, cela n'apparaît pas plus immonde que le plus mauvais des pâtés de foie.

Un médecin s'approcha du jeune Noir qu'avait remarqué Nemo. De là où il était, ce dernier ne put entendre ce que la blouse blanche raconta. En revanche il put voir, dans l'ordre chronologique, se relever, puis vaciller et enfin s'effondrer son interlocuteur. Des gémissements parvinrent jusqu'à l'endroit où s'étaient assis Am et Nemo : on devinait les pleurs de l'enfant qui venait de perdre. Perdre quelqu'un, perdre la vie, perdre tout court. Nemo et Am se regardèrent sans mot dire, et retrouvèrent toute la singularité de leur chagrin.

Au plafond, les lézardes couraient, craquelant une laque blanche que le temps n'avait pas épargnée. Sous les plafonniers poussiéreux, on devinait des néons fatigués. Les grésillements intermittents de l'un d'eux commençaient d'ailleurs à profondément exaspérer Am.

— Putain, j'ai beau me dire que le gouvernement en a rien à foutre des miséreux, il n'empêche qu'ils pourraient au moins faire le minimum pour les hôpitaux, quelle bande d'enfoirés !

— Bah ! Pas la peine de te mettre les nerfs en pelote, ma petite, les gens comme nous ça rapporte rien à la société. Les pontes considèrent même qu'on leur ponctionne trop. Croire qu'on va pas tarder à bouffer leur part de rêve. Fourre-toi bien cette idée dans la caboche une fois pour toutes, dans ce pays y a plus de place pour les gens comme nous...

Un groupe de médecins se dirigeait vers Am et Nemo, tandis que ces derniers ravalaient l'âcre bile de tristesse et de rage mêlées. Durant quelques secondes, ils imaginèrent le pire : sinon qu'aurait signifié pareil déplacement de troupe ? Am blêmit, alors que Nemo tentait de s'enraciner le plus fermement possible, histoire de tenir tête à l'éventuelle bourrasque qui risquait de tout ravager sur son passage.

— Vous appartenez à la famille de Howard Bernstein ? questionna d'un ton mécanique une femme d'une cinquantaine d'années.

— C'est tout comme, se contenta de répondre Nemo.

Autour de celle qui manifestement symbolisait l'autorité du médecin-chef se tenait la garde rapprochée, composée de trois jeunes hommes, vraisemblablement des internes. L'un deux dévisageait Am avec lubricité, ce que ne manqua pas de remarquer Nemo qui manifesta son énervement en se passant frénétiquement la main dans les cheveux.

— Comprenez bien que pour le moment, nous ne pouvons nous prononcer de façon définitive. Mr Bernstein vient de sortir d'un bref coma. À la lecture des premiers examens, il semble que son organisme ait bien réagi.

— Mon Dieu, vous voulez dire qu'Howie est sorti d'affaire ! s'exclama Am sous le regard indifférent de Margaret Mitchel, patronyme que venait de découvrir Nemo sur le badge.

— Nous ne pouvons nous montrer aussi catégoriques. Des examens complémentaires nous permettront d'affiner le diagnostic. Ce qui s'apparente à une certitude, c'est que vous pourrez certainement visiter le patient dans l'après-midi. Après que ces messieurs de la police vous auront interrogés.

Le médecin chef Mitchel remua sa permanente grisonnante en direction de l'entrée principale du hall et conduisit le regard de Nemo et de Am vers un homme en costume bleu nuit qui semblait n'attendre que le signal du docteur pour venir à eux.

— Voilà. Pour la visite, vous pourrez vous adresser à l'accueil dès 14 h 30. Je vous souhaite une bonne fin de journée...

— Et l'autre, Roy, que lui est-il... esquissa soudain Nemo.

— L'autre ? interrogea sans se retourner la charmante doctoresse. Vous voulez certainement parler *des* autres ? Savez-vous, monsieur, que l'explosion a touché six blessés graves, et trois blessés légers dont un enfant de trois ans ? s'énerva-t-elle sans raison apparente.

— Quant à Roy Medvedev, il est décédé en arrivant aux urgences : hémorragie cérébrale, assena sur un ton monocorde, digne du meilleur des enregistrements – vraisemblablement dans une volonté de calmer le jeu – celui des internes qui avait reluqué le décolleté de Am.

Nemo, affligé, regarda la petite troupe tourner les talons et suivre en meute leur leader. Il n'avait que peu d'estime pour les médecins de ce genre. Espèce mutante, prisonnière malgré elle des murs d'une citadelle que cette race abominait, et qui n'aspirait qu'aux ponts d'or des cliniques privées de la côte Ouest. C'était un animal pareil à ceux-là qui avait négligé la gangrène de Nemo, une dizaine d'années auparavant. Et ce, sous le prétexte fumeux qu'une intervention chirurgicale sur un sans-abri – qui ne possédait d'assurance que le vieux mouchoir en tissu enfoui dans sa poche – coûterait par trop au conseil d'administration de l'hôpital. Fort heureusement, il existait encore quelques bonnes âmes et c'était grâce à l'une d'elles, une infirmière, que Nemo possédait encore sa jambe gauche.

— Clark Ashton Smith, surnommé Nemo parce qu'il se trouve certainement être le seul clochard new-yorkais à lire les fantaisies de cet écrivain européen dont le nom m'échappe à l'instant. Angie Magdalena Homes, fille d'une pute de la Barbade et d'un père barman, tenancière d'un bouge infâme sur le Pier 17 à Seaport. Surtout, arrêtez-moi si je me trompe !

Médusés, Am et Nemo n'en croyaient pas leurs oreilles. L'audace et l'arrogance du grand brun au visage émacié qui se tenait devant eux les remuèrent tant qu'ils ne trouvèrent pas immédiatement l'énergie pour répliquer.

— Votre ami se trouve dans une sacrée merde. Et je ne parle ni de ses contusions ni de ses hématomes. Aussi, je pense que nous gagnerons énormément de temps à jouer cartes sur table et à ne pas trop délayer la sauce...

— En ce cas, vous ferez-nous l'honneur de vous présenter ? contre-attaqua Nemo qui avait repris du poil de la bête.

— McNabe, Ian McNabe, agent de la National Security Agency.

Il déplia un porte-cartes en cuir noir et offrit à la vue de Am et Nemo son badge officiel.

— Vous vous foutez de notre gueule ou quoi ! Qu'est-ce que la NSA peut bien avoir à faire d'un pauvre gars victime d'une explosion au gaz dans le sud de Manhattan ? C'est tout juste si la police locale se sentirait concernée, alors la NSA, mon cul oui ! s'emporta Nemo alors que Am cherchait à comprendre ce qui arrivait, encore choquée par ce brusque rappel de son passé.

— Écoutez-moi bien, tous les deux. Il y a déjà eu pas mal de victimes dans cette histoire ; que votre ami vienne rejoindre la liste, je m'en contrebranle ! Je ne suis pas votre Samaritain. Le gouvernement me paye pour faire mon job et point barre. Le reste ne vous concerne pas.

Le visage de McNabe se creusait à mesure que l'énervement l'emportait, à tel point qu'on devinait les os sous la peau. Seuls ses yeux, d'un marron profond et chaud, offraient encore un peu de vie à ce faciès démoli par de trop longues nuits de travail.

— Écoutez, j'ai besoin de savoir pourquoi Janus est entré en contact avec Bernstein.

McNabe ne se vit proposer aucune réponse : juste les regards ahuris de ses interlocuteurs.

— Ne jouez pas au malin avec moi. Mon temps est précieux et de votre réponse dépend le sort de votre ami.

À cet instant, le beuglement stridulent d'une sirène retentit à l'extérieur. Un brancardier fit irruption dans le hall, accompagné d'un essaim de secouristes et de policiers. Ces derniers s'efforçaient de suivre le train d'enfer des autres tout en évitant de se prendre les pieds dans les perfusions. Nemo ne parvint pas à distinguer le blessé, seuls les hurlements de ce dernier lui parvinrent. Les cris résonnèrent encore longtemps à ses tympans après que le cortège se fut engouffré dans l'ascenseur. Il en oublia presque McNabe, qui devant l'absence momentanée du vieux s'était attaqué à une proie qu'il imaginait plus facile. Mais Am connaissait trop bien ce genre de prédateurs. Elle les avait suffisamment fréquentés dans sa jeunesse, lors des descentes de flics chez sa mère. Petite fille, Am avait appris à résister à la pression des interrogatoires contradictoires, à distiller le vrai pour mieux inventer le faux, à survivre, simplement. Et elle était plus que bien placée pour savoir ce qu'impliquait le concept même de survie.

— Allons, miss, faites marcher votre mémoire, Bernstein...

— Howard Bernstein, corrigea poliment Am.

— Howard Bernstein vous a forcément parlé de son activité subversive sur Internet ! Ces gens-là se vantent tout le temps de leurs exploits. Aidez-moi, Am, faites-le pour lui, si vous ne voulez pas le faire pour votre pays.

Am se drapa dans un silence digne. Elle

soutint le regard de McNabe sans faiblir et ce fut lui qui baissa les yeux de dépit.

— Ah, et puis pensez ce que vous voulez ! J'aurais fait mon possible pour vous, espèces de crétins ! À la lecture de vos fiches, il était évident que vous ne me seriez pas d'une grande aide. Vous appartenez à cette majorité souterraine, toujours à se plaindre mais incapable de prendre les choses en main. Faut pas vous étonner d'en être arrivés là !

McNabe disparut aussi rapidement qu'il était apparu. Nemo et Am suivirent du regard sa silhouette décharnée jusqu'à la grande porte automatique. Ils l'observèrent prendre un objet dans la poche intérieure de son costume et se fondre, telle une ombre, derrière les vitres qui se refermèrent en un chuintement diffus. Nemo consulta sa montre, qui indiquait presque 11 heures. Il proposa à Am d'aller boire un café. Elle s'effondra sur son épaule, et le vieux la serra contre lui, fort, très fort, comme il l'aurait fait pour sa propre fille.

27 octobre 1957

Moscou, Kremlin, bureau du Premier Secrétaire du Parti

Les dossiers s'étaient accumulés plus que de raison. Un monceau de travail en retard : augmentation de la productivité agricole, développement de l'industrie lourde, nouveaux champs pétrolifères dans le Caucase, des piles branlantes qui menaçaient désormais de fondre sur le parquet en points de Hongrie. Pourtant, Khrouchtchev semblait ne plus les voir. Tout entier absorbé par ses sombres pensées, le Premier Secrétaire commençait la journée à reculons. Dans la cheminée, le bois de chêne crépitait et tentait de réchauffer l'atmosphère glaciale qui régnait dans la pièce. Les quelques tableaux accrochés aux murs, des huiles néoréalistes pour l'essentiel, ajoutaient à la tension de l'ensemble.

Lorsque le téléphone sonna, Khrouchtchev hésita même à répondre et puis la force de l'habitude reprit ses droits.

— Lyssenko à l'appareil.

Khrouchtchev s'empourpra de rage et de panique mêlées.

— Qu'est-ce qui vous prend de me téléphoner ?

— Calmez-vous, camarade Premier Secrétaire, nous avons pris nos précautions pour sécuriser votre ligne directe.

— Bon Dieu, Lyssenko, vous êtes malade ! Si le Renseignement prend connaissance de votre appel, je suis un homme mort !

— Tout homme politique est un mort en suspens, mon cher Niki...

— Ne m'appelez pas Niki, je ne vous le permets pas !

— Écoutez-moi bien, *Niki*, Alexia a dû vous l'apprendre, nous avançons désormais très rapidement. Cependant, un petit grain de sable risque de gripper toute la machine : Andreï Arkadevitch Bagdassarov.

Ce nom évoquait quelque chose à Khrouchtchev mais il ne parvenait pas à se souvenir pourquoi. Et puis, tel un flash, sa mémoire l'éclaira de façon fulgurante.

— Vous parlez sans doute de votre malencontreuse bavure sur l'île d'Olkhon.

— Nous avons protégé vos intérêts, c'est tout ! Et maintenant, nous avons son obstiné de père sur le dos. Cet imbécile semble ne pas se satisfaire de la conclusion de nos légistes et a usé de son influence pour ordonner une contre-autopsie. Vous imaginez ce que cela induit en facteur risque ?

— Pourquoi ne pas avoir fait disparaître le corps, vous êtes pourtant des professionnels ?

Lyssenko marqua un silence et Khrouchtchev put entendre à l'autre bout du fil sa respiration caractéristique de fumeur invétéré ; rauque et grasse.

— Nos hommes ont dû improviser et n'ont voulu courir aucun risque. Une mort prétendue naturelle vaut mieux qu'une disparition surnaturelle. Mais ce commissaire politique au rabais risque de tout faire capoter.

— Je ne comprends pas pourquoi vous m'avez téléphoné. Vous n'êtes pas capable de régler ce problème vous-même ?

— Nous n'intervenons qu'en dernière extrémité et vous le savez très bien. Notre accord prévoyait que vous demeuriez maître en votre pays, mais que vous vous engagiez à y faire le ménage lorsque cela s'avérerait nécessaire.

— Et vous voulez que je liquide un commissaire politique parce que vous avez descendu son fils ?

— Nous voulons que vous nous débarrassiez de lui.

Lyssenko avait raccroché, ponctuant sa phrase d'un bip linéaire et froid.

Khrouchtchev détestait Lyssenko, cet arriviste au cerveau dérangé qui se prenait pour un génial scientifique. Il possédait quelques dossiers sur ce dernier, que ses ultimes amis au Renseignement avaient déterrés en Allemagne de l'Est, vers la fin des années 1950, afin de constituer un éventuel rempart contre un homme prêt à tout pour arriver à ses fins.

Grichka Oulianov Lyssenko avait été un proche ami de Staline, l'un des seuls à avoir conservé la confiance de l'homme jusqu'à sa mort. La rumeur prétendait même que seule leur égale folie les avait réunis et que Lyssenko exacerbait jour après jour les pulsions morbides de Staline. Beria avait contenu l'ascension de Lyssenko en l'orientant vers la recherche et en lui offrant une totale carte blanche sur le sujet. Depuis, le *Docteur* – comme on l'avait surnommé dans les couloirs du Kremlin –, n'avait eu de cesse d'obtenir toujours plus de crédits pour son unité basée en Sibérie orientale. À l'époque, tout le monde pensait s'être débarrassé de Lyssenko de la meilleure façon, et certains blaguaient même à ce sujet. Ils prétendaient que dans son congélateur sibérien, Lyssenko s'était fait cryogéniser. Aujourd'hui, Khrouchtchev ne pouvait que reconnaître cette erreur partagée : Lyssenko, loin de s'être exilé, n'avait fait qu'asseoir sa position, jusqu'à devenir un horrible danger.

Après-midi du 4 mai 1999

Bloc de réanimation de l'hôpital Rushmore, Pointe sud de Manhattan, New York

Am et Nemo avaient oublié de déjeuner et s'étaient contentés de vider une cafetière dans un des nombreux rades qui encerclaient l'hôpital. Ils avaient regardé la pluie dégringoler d'un ciel plus noir que jamais. Ensemble, ils ne s'étaient pas sentis plus forts, mais moins seuls, et les quelques mots qu'ils balbutièrent semblèrent amoindrir leur immense peine.

En regagnant l'hôpital, Nemo s'était lancé dans une longue tirade sur la NSA, oreille occulte du gouvernement, ses ambitions mondiales de surveillance. Un couplet parano et déjanté que Am n'écouta même pas, se contentant d'acquiescer pour un oui ou pour un non. La pluie tombait dru, c'était une véritable chance : ça lui permettrait de dissimuler ses larmes.

— Bon sang, mon petit, comment tu te sens ?

— Comme un peigne qu'a plus grand-chose à coiffer. Ou un truc dans le genre...

Les yeux grands ouverts, Howie fixait ses

invités avec force. Un horrible tuyau translucide lui barrait le visage, mais on devinait encore le bonhomme. Allongé au milieu de la salle, entouré de moniteurs, il ressemblait à la créature de Victor Frankenstein. En plus sexy, pensa Am.

— Oh, tu as accompagné ce vieux briscard... T'as vraiment du temps à perd... rien d'autre à fout... aujourd'hui.

Howie s'exprimait avec difficulté, hachant ces phrases dès qu'elles comportaient plus de cinq mots. L'une des infirmières présentes dans la salle expliqua que c'était normal, venant d'un patient qui avait été choqué de la sorte : les troubles du langage s'estomperaient avec le temps. Elle alla jusqu'à comparer le phénomène avec l'incontinence d'Howie. Ce n'était pas très agréable pour celle qui le changeait, mais ça passerait. Howie se mit à rougir, alors que Am ne put réprimer un léger fou rire, que Nemo s'empressa de réprimander par un coup de coude.

— Eh oui, je pisse dans mon froc. Y a bien longtemps que ça m'était pas...

— Ah, laisse tomber, mon petit ! C'est pas le plus important. L'essentiel, c'est que tu parais presque en forme. Et pour un mec qui sort du coma, chapeau !

Nemo appuya sa tirade d'une amicale pression sur la jambe d'Howie.

— Nem, t'as toujours eu le chic pour dédramatiser... Mais merde, vous pouvez m'expliquer ce qui m'est tombé sur la gueule !

— C'est moche, c'est vraiment moche ce

qui s'est passé, murmura Am qui se tenait au pied du lit.

— Mais encore... Je ne me souviens de pratiquement rien. Et Roy ?

À cette question qui tardait à venir, mais que ni Am ni Nemo n'avait imaginé esquiver, un froid instantané s'abattit, figeant les traits de chacun dans une pose grotesque. Nemo fut le premier à retrouver une relative mobilité, en se grattant longuement le menton.

— Il est mort. Nous en demande pas plus, je n'en sais pas plus.

— Putain de merde, c'est pas possible ! Nem, dis-moi que je vais me réveiller. Ce mec que je ne connais ni d'Ève ni d'Adam me raccompagne chez moi alors que je me suis méchamment torché la gueule. Et parce qu'il joue parfaitement son rôle de saint Bernard, il y passe et moi je reste... Y a un truc qui cloche...

— On peut rien contre ça, Howie, essaya Am sur le ton le plus doucereux qu'elle connaisse.

— C'est dégueulasse, c'est véritablement et simplement dégueulasse. Y a rien d'autre à ajouter.

Howie commença à cligner des yeux. La fatigue l'envahissait progressivement et il parvenait de moins en moins à fixer son attention. Ses visiteurs, qui avaient remarqué ces signes de retraite prononcés, décidèrent d'un bref et tacite clin d'œil de s'éclipser. Lorsqu'ils passèrent la porte, Howie avait définitivement abdiqué et Am crut même entendre un léger ronflement.

Soirée du 4 mai 1999

New York, Morningside Drive West, 116ᵉ Rue

La ville demeure la même, pourtant la ville change. La présence du fleuve et des parcs s'éloigne. Le trafic automobile se substitue aux clapotis crasseux de l'eau. Même la couleur des immeubles semble s'être modifiée. Quant à la vitesse, elle s'estompe, se dilue dans les rues et sur les trottoirs. Piétons et automobiles se réconcilient presque. Broadway mue une fois encore, doublé à sa droite par Amsterdam Avenue qui d'un côté délaisse Upper West Side, et de l'autre pénètre dans Morningside Heights. Quartier historique qui jadis portait le nom de Harlem Heights, lieu d'une bataille célèbre remportée le 16 septembre 1776 par Washington sur les troupes britanniques qui s'emparèrent toutefois de New York.

Morningside Heights abritait depuis trois ans le refuge de Am. Un trois pièces sans réelle envergure mais très coquet, sis entre la 116ᵉ et la 119ᵉ, non loin du tombeau de Grant. Cet appartement se tenait au sixième et dernier étage d'un immeuble de brique rouge que le lierre avait recouvert jusqu'à mi-hauteur.

Ancienne manufacture recyclée en immeuble d'habitation dans les années 70, l'édifice s'ouvrait sur la rue en larges baies vitrées. Ces dernières offraient aux occupants des différents logements une luminosité sans égale. Ce point précis avait d'ailleurs fortement motivé Am lors de sa première visite.

Ce soir, Am faisait relâche. Après tout, les pochards assoiffés pouvaient toujours se rabattre vers les rades de Brooklyn ; quant aux habitués, ils regarderaient *Seinfeld*, pour une fois.

L'intérieur cossu de Am rivalisait avec le désordre de son existence. Malgré les sous-vêtements éparpillés, malgré les multiples cadavres de bouteilles d'eau minérale, malgré un réfrigérateur désespérément vide, elle avait invité Nemo à boire un verre. Histoire de terminer cette journée autrement que devant le tube cathodique. Histoire de ne pas laisser passer l'oubli, de ne pas s'installer dans la torpeur d'un antalgique, de ne pas désespérer une fois de plus. Quand bien même, ce soir, de véritables raisons auraient pu cautionner tout cela.

— Eh bien, on peut dire que tu habites un appartement relativement *cosy* ! C'est marrant, pour être tout à fait honnête, je m'attendais à autre chose.

— Tu veux dire que t'imaginais plutôt miss Am Homes dans un loft bordélique de Tribecca, plaisanta Am, tout en se préoccupant du contenu de son bar.

Les bouteilles, dissimulées dans un bahut bas orné de multiples fleurs des champs, vraisemblablement peintes à la main, s'entrechoquèrent plusieurs fois avant que Am réapparaisse, triomphante.

— Un porto blanc pour Mr Ashton Smith, un !

— Ah, mademoiselle me gâte. Tu sais, à mon âge, on devient très sensible à ces menues attentions.

— Rien n'est trop bon pour un ami, souligna encore Am tout en servant deux verres de ce nectar portugais qu'affectionnait particulièrement Nemo.

Ils s'affalèrent dans un canapé en alcantara blanc cassé et poussèrent de façon synchronisée un terrible cri de soulagement. Les ressorts accusèrent le coup avec souplesse et fermeté, en un bruit mat qui fit détaler un chat ronronnant sur une mosaïque de laine en forme de tapis.

— Qu'est-ce que c'est que cette chose ?

— Un chat.

— J'entends bien, mais je te parle de la photographie accrochée en face de nous.

— Ah, je tiens ça de ma grande sœur Susy. Elle a pris cette photographie avec son premier appareil, elle devait avoir neuf ou dix ans. Je crois qu'il s'agit de l'enseigne du *Harmony Hotel*, à l'angle de la 99e Rue Ouest et de Broadway. J'ai jamais compris comment Susy avait réussi pareil cadrage. Elle aurait dû persévérer dans cette voie, c'est sûr.

— Je ne savais pas que tu avais une sœur.

— Oh, sœur, c'est un bien grand mot. Elle a disparu à l'âge de quinze ans, entichée qu'elle était d'un mécanicien. Quinn, Quinn Stilman qu'il s'appelait. Une grande histoire d'amour, qui a dû tourner court dès qu'elle lui a donné ce qu'il voulait. Enfin, bref, les dernières nouvelles que j'ai reçues de Susy remontent à 1974. Une carte postale de Floride, style palmiers et voiture rose, avec quelques phrases au dos pour me souhaiter la bonne année et m'annoncer son mariage avec un dénommé Wil Oldham. Ça fait pas une sœur, si peu de chose...

Les joues de Am rosirent : sous l'effet d'une congestion soudaine ses yeux se chargèrent d'une triste humidité. Elle eut le plus grand mal à déglutir son porto et manqua de le recracher. Nemo, qui avait compris son malaise, tenta de diriger la conversation vers un lieu plus neutre et moins émotionnel.

— Je savais pas que tu avais un ordinateur.

— Je fais comme tout le monde, je raccroche le dernier wagon de la technologie. Je cours après le virtuel en véritable femme moderne. Non, sans blaguer, c'était une promotion. Le genre, tu prends un abonnement pour deux ans à Internet et le fournisseur d'accès te fait croire qu'il t'offre le micro.

— Internet... Ça me laisse songeur, ce truc. Je suis pas vraiment certain qu'on ait gagné...

Soudain, une sonnerie métallique retentit dans le salon. On vit réapparaître le chat, intrigué. Et l'écran de l'ordinateur se mit à afficher une animation en forme de petit fanion rouge et noir.

— C'est rien, Bowie, le facteur qui vient de passer, rien de plus.

Le chat, un chartreux mâtiné de gouttière aux yeux malicieux, s'étira en miaulant. Il parut rassuré par les paroles de Am et vint se blottir à ses pieds.

— Tu vois, un des avantages du Net, c'est qu'on peut m'écrire à n'importe quel moment de la journée. On n'est plus tributaire des tournées.

Am se releva d'un bond. Elle portait un ample chemisier noir qui descendait sur un collant gris. À ses pieds, des petites baskets blanches Superga lui conféraient un air chipie qui ne lui déparait pas. Bowie feula lorsque sa maîtresse le délogea, mais elle ne semblait plus préoccupée que par le mail qu'elle venait de recevoir. Aussi, devant tant de dédain, le matou prit la direction de la cuisine, laissant les humains à leurs navrants petits jeux.

- Votre ami est victime d'une guerre commencée il y a bien longtemps.

Vous devez l'aider à retrouver celui qui écrit cela.

Sinon la prochaine fois, il mourra.

À peine Am eut-elle lu ces phrases qu'elle se mit à taper sur son clavier. Frénétiquement, elle tenta de formuler une question à ce visiteur impromptu. Habituée des forums de discussion, elle ne perdait pas son sang-froid face à cette intrusion sur le réseau.

- Qui êtes-vous ? Que savez-vous au sujet d'Howie ?

Aucune réponse ne s'afficha. Le moniteur paraissait figé. Peut-être avait-elle été trop brusque, peut-être aurait-elle dû attendre un moment avant de soumettre à la question son mystérieux interlocuteur. Nemo se leva, reposa son verre vide sur l'épaisse vitre de la table basse et se rapprocha de Am.

— Un problème ? interrogea-t-il en adressant des mimiques ridicules à Bowie.

Elle ne lui répondit pas, lui indiquant seulement de la main les lignes qu'elle venait de recevoir. Au même moment, la réponse attendue commença à s'afficher.

- Je suis celui que l'on cherche.

Le visage tourné vers deux mondes en superposition.

Au commencement *du Principes Moralis*.

Nemo fixa Am, interloqué.

— Qu'est-ce que c'est que ce bordel ? C'est du délire.

— Attends. Attends. On va voir ce qu'il a dans les tripes, le gus.

Am se remit à enfoncer à toute vitesse les touches de son clavier. On la sentait proche de la jubilation, presque heureuse de se mesurer à l'inconnu.

- Etes-vous en mesure de nous raconter ce qui est arrivé à Howie Bernstein ?

Cette fois, la réponse fut quasi instantanée.

- Trinitrobenzène, dérivé isomère du benzène.

Explosif peu commun mais efficace, utilisé depuis 1933.

Fin de communication.

Un léger grésillement se fit entendre. Am avait passé la manche de son chemisier un peu trop près de l'écran chargé électrostatiquement. Elle eut un petit rire nerveux. Le contenu des fenêtres du logiciel d'exploration s'était effacé comme par enchantement. Il n'y avait plus aucune trace du dialogue qui venait d'avoir lieu.

— Am, qui ça pouvait bien être ? T'as souvent des cinglés de ce genre ?

— Certainement pas un taré : ces derniers sont généralement plus préoccupés par des considérations sexuelles que par la nomenclature des explosifs.

Am se dirigea machinalement vers la fenêtre. À cette heure de la nuit, la rue se révélait déserte, totalement nue. L'éclairage public tentait tant bien que mal d'illuminer les ténèbres locales, mais c'était en moyenne un réverbère sur trois qui se trouvait hors d'état de marche. En général, ces derniers servaient de cible aux jeunes du quartier qui faisaient des cartons sur leurs grosses ampoules à l'aide de calibres de plus en plus importants.

— Je sais pas ce que c'est que ce tas de fumier. Une explosion bizarroïde, la NSA, ce message via le Net... on enfile les perles les unes après les autres. Quand je pense à Howie, je me demande quelle place il occupe dans ce jeu de quilles.

— Tu te trompes, ma petite. Quand tu penses à lui, c'est tout autre chose qui se met en marche : on appelle ça l'affliction. Phase terminale de l'abattement que tes jolis yeux atteignent désormais.

— Oh, Nemo, je ne comprends pas ce qui m'arrive...

Les larmes de Am, le vieux les avait senties arriver. Il est certaine peine douloureuse à venir. Des douleurs que le cerveau s'obstine à conserver, à ne pas relâcher vers le cœur. Jusqu'au trop-plein, cette minute tragique où la raison abdique au profit de sentiments plus instinctuels, plus primaires, plus humains. Nemo avait appris qu'on ne calme pas ces tempêtes, que rien ne les apaise vraiment si ce n'est elles-mêmes. Et qu'il faut laisser les flots impétueux rager et rager encore, qu'il n'y avait plus désormais qu'à attendre. Attendre malgré l'envie qui le prenait de consoler, de rasséréner.

— Je crois que je vais rejoindre mes pénates...

Une boule de silence obstruait la gorge de Am. Cependant son regard, ses mains, tout son être voulaient exprimer quelque chose. Aussi Nemo, qui avait déjà enfilé sa veste et filait prestement vers le couloir, décida de patienter un instant.

— Tu vas pas coucher dehors. Cette nuit, faut pas que tu couches dehors.

Elle lui indiqua le canapé, avec la tendresse d'une fille pour son père, avec infiniment de larmes sur ses pâles et rondes joues.

— Tu trouveras des couvertures et un traversin... en dépliant le canapé. Bonne nuit, Clark.

Le vieux se trouvait encore debout quand Am disparut dans sa chambre. Il demeura ainsi le temps d'une réflexion, le temps d'un regard fugace derrière lui. Est-ce que la petite Nelly aurait ressemblé à cette jeune femme ? Il essaya de se souvenir de sa frimousse, mais ce passé le terrifiait. Il mit du temps à trouver le sommeil. Curieusement, il avait moins froid dehors.

11 novembre 1957

Moscou, Kremlin, bureau du Premier Secrétaire du Parti

L'anxiété s'était emparée de Khrouchtchev dès le réveil. Insidieusement, elle avait commencé par faire battre un peu plus que la normale le cœur du Premier Secrétaire. Puis elle avait envahi sa bouche, l'asséchant à outrance. Enfin, elle avait poussé sa proie dans ses retranchements ultimes, jusqu'au tic nerveux extrême : arracher des rognures d'ongles de ses doigts, les ensanglanter sans même s'en rendre compte. Certes, les raisons ne manquaient pourtant pas de se réjouir en cette journée. La production de beurre avait presque rattrapé le niveau de celle des États-Unis. On avait construit pratiquement deux fois plus d'immeubles à usage d'habitation que lors du précédent Plan quinquennal. Et puis les kolkhoziens se réjouissaient particulièrement des fonds débloqués pour leur pension : presque 10 milliards de roubles. Sans parler des récentes retombées internationales de la satellisation de Spoutnik.

Mais ce matin, Nikita Khrouchtchev recevait Ivan Arkadevitch Bagdassarov. Et cela plus que tout au monde – et en ce moment précis – monopolisait ses pensées. Certes, en tant qu'homme politique, il avait souvent sacrifié ses plus intimes convictions à l'exercice du pouvoir. Pour des raisons qui relevaient le plus souvent de l'intérêt de la nation qu'il avait choisie de servir, son pays. Il n'en demeurait pas moins que Khrouchtchev détestait mentir, surtout pour dissimuler ses propres erreurs et sans qu'une raison suprême et impérieuse ne le nécessite. Il avait toujours prétendu, et ce depuis Staline, que le mensonge était l'arme des lâches. Aujourd'hui, il était contraint de se vautrer dans la veulerie, cela suffisait à le rendre malade.

Bagdassarov ne ressemblait à aucun homme que Khrouchtchev aurait pu connaître, ni même rencontrer. À vrai dire, il ne transpirait rien de soviétique, pas même un soupçon de *slavitude*. Grand, très grand, élancé, pas vraiment sportif mais tout en longueur, Bagdassarov impressionnait. Son visage exprimait beaucoup de rudesse, mais pas de cette rudesse sauvage qu'on peut retrouver chez les Caucasiens. Non : une dureté moins naturelle que les mains d'un Titan auraient façonnée. On imaginait le parcours de cet homme rien qu'en suivant les rides, sillons peu profonds mais multiples qui parcouraient son visage. Le Premier Secrétaire se laissa d'ailleurs aller à ce petit jeu un bref moment, avant que son interlocuteur ne lui adresse abruptement la parole.

— Je n'ai rien à perdre, camarade.

Khrouchtchev croisa les mains et invita Bagdassarov à s'asseoir d'un geste de la tête.

— Avant d'aller plus loin, camarade Arkadevitch, sachez que je sais que vous n'avez plus rien à perdre. Si ce n'est votre vie...

— Mon épouse est morte, emportée par la folie de Staline. Mon grand-père était un Blanc qui a eu l'honnêteté de défendre sa propre conception de ce que devait demeurer notre pays : un Empire. Quant à moi, j'ai beaucoup lu et trouvé dans certains livres l'espoir de transformer la tourbe en terres arables, la glace en feu, l'esclavage en liberté, les fermes en usines. Je suis devenu le bon et zélé commissaire politique, avalant les plus énormes couleuvres. Ravalant ma bile lorsque ma femme fut déportée à Kolyma, sous prétexte que protéger des livres de la destruction représentait un crime abominable envers la Révolution ! Acceptant les procès, les arguties que développaient des malades mentaux déguisés en avocats du progrès !

Khrouchtchev ne chercha pas à interrompre Bagdassarov. Au contraire, il écouta presque avec bienveillance des propos à la sincérité touchante. Des paroles qu'il n'avait plus entendues depuis une éternité glaciale. En même temps qu'il lui prêtait une oreille tout entière dévouée à sa cause, il cherchait en cet homme le point d'origine, la marque de fabrique. Une mère ukrainienne, mais un père sans doute étranger. Curieusement, le dossier fourni par le Renseignement ne mentionnait que de façon succincte les divers liens de parenté de Bagdassarov. Du côté maternel, il apparaissait sans aucun doute une appartenance à une vieille famille de notables originaire de Kiev. En revanche, la filiation paternelle sentait le flou ; informations contradictoires, registres d'état civil détruits lors d'une inondation.

— Si mon pays sait qui a tué mon fils, alors mon pays doit me dire le nom de cet assassin.

— Vous partez pour les États-Unis. Un poste mettant en valeur vos compétences vous y attend. Prenez ce geste comme une promotion, que votre travail acharné à remplir les termes du plan sur la production de viande bovine rendait inévitable.

Bagdassarov sembla ne pas comprendre. Il adressa à Khrouchtchev un regard interloqué qui se chargea en quelques secondes d'une rage bouillonnante. Le sang afflua, irrigua les moindres parcelles de son faciès asséché, transformant son visage en un ballon pourpre.

— Sauf votre respect… commença-t-il après avoir ravalé sa bile.

— Rien. Ne dites plus rien qui puisse porter à conséquence. Ne me donnez pas de raison suffisante pour vous détester. Écoutez-moi bien, Ivan Arkadevitch Bagdassarov. (Khrouchtchev se racla la gorge avant de continuer :) Vous êtes un homme de lettres, un passionné de littérature française : le poste d'attaché culturel auprès de notre ambassadeur à Washington représente bien plus qu'une opportunité pour vous, cela relève de la chance. Une chance que beaucoup en ces murs pourraient et ne manqueront pas de vous envier.

— Je ne comprends pas. Si je suis devenu indésirable, pourquoi ne pas me faire disparaître comme mon fils ? Pourquoi me distinguer de la sorte ?

Le téléphone lâcha brusquement sa sonnerie stridulante. Khrouchtchev s'excusa et s'empara du combiné.

— Mmm, eh bien je crois qu'il n'est pas opportun d'en parler maintenant, Lyssenko. Je vous contacterai en temps utile.

Le Premier Secrétaire força ses lèvres à prendre la forme de ce qu'on aurait pu appeler un sourire. Il avait raccroché sans se rendre compte que sa main tremblait. Bagdassarov, quant à lui, n'avait manqué de l'observer, mais il ne fit pas le lien entre cet état et l'appel que venait de recevoir Khrouchtchev.

— Pardonnez cette interruption qui m'oblige à me montrer plus bref que prévu. Vous partez demain matin, sur le premier vol de l'Aeroflot à destination de Londres. Et de l'Angleterre, le grand saut jusqu'aux États-Unis d'Amérique ! Vous verrez, tout se passera à merveille.

C'est un spectre qui se releva alors que Khrouchtchev l'y invitait d'un geste sûr de la main. Bagdassarov avait perdu toute substance, et même la lumière filtrant des puissants néons fixés sous les plafonniers semblait traverser sa peau devenue translucide. L'homme s'avérait abattu et cette désolation intérieure heurta violemment le Premier Secrétaire.

— Vous êtes seul désormais. Seul, mais

vivant et hors d'atteinte. Seul pour trouver votre vérité, mais vivant. Bonne chance !

Cette dernière phrase, prononcée alors que la porte du bureau se refermait, soulagea quelque peu Khrouchtchev. Elle n'ajoutait pourtant que désespoir au fardeau incommensurable de Bagdassarov, qui s'effaça rapidement dans les interminables couloirs gris et rouge du Kremlin.

La vaste salle qui abritait le bureau du Premier Secrétaire apparut soudain bien sombre à ce dernier. Et ce malgré les trois grandes fenêtres qui la perçaient. Les murs devenaient noirs, le plafond suait le noir, le parquet se grisait, l'horizon se bouchait et Khrouchtchev sentait venir à lui la dépression hivernale, ce sentiment qui l'étreignait depuis de nombreuses années et qui arrivait toujours au plus profond de l'automne. Cette maudite impression de ployer sous le poids des nuages, de crouler sous les premiers flocons, de se sentir crasseux, terriblement crasseux.

Curieusement, son abattement lui conféra la force d'affronter Lyssenko. Il n'était même plus remonté que pour cela : rentrer dans le ventre de Lyssenko. Un moyen comme un autre de lutter contre l'effondrement mental, pensa-t-il presque à voix haute.

— Lyssenko ? Pas trop de neige à Tunguska ? Non, parce que vous me paraissiez légèrement grippé tout à l'heure. C'est à peine si j'ai reconnu votre voix.

— Ah, je vois que vous affrontez une petite

chute de tonus. Et bien sûr, le camarade Lyssenko vous sert de parfait exutoire. Quel dommage que le temps me soit si précieux : j'aurais volontiers perdu quelques minutes en joute verbale avec vous, camarade « plein de vent ».

— Avancez-vous seulement, Lyssenko ?

— Je pourrais vous surprendre à ce sujet. D'ailleurs, ils sont très satisfaits de mes dernières expériences. J'aimerais simplement que vous fassiez le ménage dans les comités de rédaction de certaines revues scientifiques. Certains de mes confrères commencent à devenir péniblement outrageants.

— On vous flatte, aux dernières nouvelles certains de nos plus éminents académiciens vous comparaient à un charlatan. Quel hommage de la part de vos pairs !

Khrouchtchev sut qu'il venait de marquer un point. Le long silence qui suivit le conforta dans cette thèse.

— Contentez-vous de faire taire une fois pour toutes ces vieux boucs ! Quant à Bagdassarov, mademoiselle Khomiakov m'a vaguement expliqué qu'elle avait cru bon de vous charger du problème... histoire de mettre à nouveau la main à la pâte.

Tu veux dire dans la merde, espèce de crétin, pensa Khrouchtchev.

— C'est réglé.

— À votre manière ?

— C'est réglé, et c'est ce que vous vouliez.

— En somme, nous aurions dû nous en occuper. Vous commencez vraiment à...

Lyssenko n'eut pas le loisir de continuer.

Khrouchtchev venait de lui raccrocher au nez. Son impuissance face à celui qu'il considérait à peine plus qu'une bouse de zibeline l'avait mis dans une rage absolue. Il décida d'aller se dégourdir les jambes à travers les enfilades de couloirs, afin de visiter les bureaux et les hommes. Sans doute pensait-il que cela le ramènerait à un niveau de calme relatif plus propice à la réflexion. Les mains dans les poches de son pantalon, Khrouchtchev quitta la pièce. Il avait atteint l'extrémité de la galerie ouest lorsque son téléphone sonna. L'écho se répercuta dans le vide une quinzaine de fois, avant de s'éteindre dans le bureau désolé du Premier Secrétaire.

Soirée du 4 mai 1999

New York, un bar sur la 5e Avenue

L'*Oyster Club* faisait partie des endroits *tendance* de la ville. Antre post moderne où s'entrechoquaient l'argent, le cul et la drogue, ce bar-boîte de nuit gigantesque attirait tel un super aimant toute la crème de New York. Dans un décor oscillant entre une Grèce antique façon carton-pâte et le technologique genre écran à plasma, on pouvait aussi bien croiser la dernière star à la mode que l'écrivain chouchou du moment. On avait aussi parfois la chance de se coltiner d'illustres inconnus, défoncés au dernier degré, qui vous prenaient la jambe pendant des plombes, sous prétexte que vous aviez pissé en même temps qu'eux dans les mêmes chiottes. Ces derniers avaient d'ailleurs gagné leur surnom de « royaume de la seringue » lors de la dernière tentative en date du maire de clore les lieux.

Ce soir, le *dance floor* se trouvait envahi par une joyeuse troupe de *drag queens* qui créait l'événement, entraînant dans leur sarabande jusqu'aux hétéros, plus habitués à mater au comptoir qu'à agiter leur arrière-train. La foule était tout aussi compacte que d'habitude, et l'agent Ian McNabe eut un mal de chien à se frayer un passage jusqu'aux salons privés, situés au sous-sol de l'établissement. Deux armoires à glace en pantalon moulant noir et marcel à rayures bleu marine s'écartèrent à la seule vue de son insigne. L'un deux lui indiqua même le chemin à suivre pour rejoindre le salon Mimosa.

McNabe se demanda ce que signifiait *mimosa* et espéra que ce mot n'avait aucune espèce de connotation homosexuelle. Déjà qu'il ne se sentait pas véritablement à l'aise... Putain, son patron aurait pu dégoter un autre endroit que ce bordel ! Il lui était déjà arrivé de se faire draguer par d'autres hommes, et cela ne lui avait laissé que des sueurs froides en guise de souvenirs. Non pas qu'il déteste ces gens-là, non... mais définitivement il ne se portait pas plus mal s'il ne les rencontrait pas.

— McNabe ! Enfin ! Qu'est-ce que vous foutiez, ça fait plus de trois quarts d'heure que je poireaute dans ce nid capitonné et insonorisé.

La pièce dans laquelle venait de pénétrer McNabe, à peu près soixante mètres carrés, offrait un spectacle plutôt cocasse. Murs tapissés de satin rose, plafond en plissé soleil, statues laqué blanc de femmes et d'hommes nus abritées dans des niches, autant d'éléments qui interféraient avec l'idée simple du bon goût. Des canapés assortis, usés aux endroits stratégiques, avaient été disséminés aux quatre coins du salon ; sur l'un d'eux, un homme d'une cinquantaine d'années au visage rondouillard s'agitait en fumant une cigarette.

— Vous pouviez pas dégoter un autre point de rencontre ? La 5e, à cette heure, c'est l'enfer sur terre, ça bouchonne à chaque bloc, rétorqua McNabe tout en s'avançant vers celui qui l'engueulait de la sorte.

— Les gars de la cellule 22 ont suggéré l'*Oyster*, parce que même un champ de foire n'offre pas autant d'anonymat et de sécurité. D'après eux, le facteur risque est quasi nul.

Les volutes ainsi que l'odeur du tabac rappelèrent à McNabe combien il avait été dur pour lui de s'arrêter de fumer. Heureusement, sa femme l'avait soutenu jusqu'au bout, distillant menaces et patches à la nicotine. Trois mois à se ronger les nerfs, à envisager le plus sérieusement du monde un suicide salvateur, à délirer dans son sommeil : McNabe avait payé le prix fort.

— Eh bien, les mecs de la 22 n'ont qu'à venir saluer les tantouzes à ma place ! Et pour en finir avec les amabilités, chef, vous serait-il possible d'écraser cette clope ? Ça me ferait des vacances !

— Alors, c'est pas des rumeurs...

Le petit gros balança négligemment son reste de brune sans filtre sur la moquette rose bonbon et l'écrasa soigneusement du bout de son mocassin.

— Quoi, c'est pas des rumeurs ? interrogea McNabe, agacé.

— Eh bien, plusieurs gars de chez nous affirment que vous êtes un véritable homophobe. Que vous pouvez pas les saquer, et que ça cache certainement un vice de forme.

McNabe manqua de s'étrangler ; l'autre s'esclaffa d'un rire gras et en profita pour lâcher un rot sonore.

— Le saucisson à l'ail, ça pardonne pas. Enfin, trêve de balivernes, concentrons-nous sur l'essentiel. Notre créneau de protection ne dépasse pas les trois quarts d'heure. Après ça, la 22 ne garantit plus les risques d'évaporation.

Le bonhomme qui se présentait sous ces abords si peu flatteurs se nommait Livio Vitarelli. Du haut de son 1,60 mètre, il ne payait vraiment pas de mine. Du sang italien avait beau couler dans ses veines, rendant le personnage bouillonnant, il n'en était pas moins un véritable professionnel.

Livio Vitarelli appartenait à la NSA et dirigeait l'un des programmes les plus ambitieux de cette institution : Echelon. Depuis deux ans, son unité avait carte blanche pour collecter et traiter les flux numériques et, par conséquent, les communications sur le Net. Tâche titanesque qui requérait l'un des matériels les plus performants de la planète : à ce niveau la NSA s'autorisait tout ce que la technologie de pointe pouvait offrir de meilleur, du microrécepteur au satellite en passant par les radars d'écoute. À tel point qu'ils étaient capables d'amasser beaucoup plus d'informations que d'en décrypter. Qu'importe, le gouvernement appuyait sans réserve la NSA et comment aurait-il pu en être autrement, alors que la guerre de l'information se profilait à l'orée du nouveau millénaire.

— Janus est entré en contact hier et à plusieurs reprises avec un certain Howie Bernstein. Une espèce de cerbère employé par Owen Gary & Mulder...

— La société de consulting ? interrogea Vitarelli, piqué par la curiosité.

— Exact, mais je ne pense pas qu'on puisse établir un quelconque rapport entre OG&M et Janus. Cette entreprise n'a rien à voir làdedans. D'autant que Bernstein utilisait une ligne illicite pour entrer sur le réseau. Je ne pense pas que la sécurité informatique d'une telle boîte plaisante avec ce genre de choses.

— Hum, à voir, à voir... mais continuez.

McNabe sentit sa gorge s'assécher ; il aurait tout donné pour une bière bien fraîche. Mais il savait pertinemment que Vitarelli ne se relâcherait pas avant la fin du briefing. À son grand regret, il continua donc.

— Nous n'avons pas encore réussi à décrypter les messages de Janus. Tous nos mathématiciens planchent sur le sujet depuis que les « traces » numériques résiduelles sont entrées en notre possession.

— Une idée de la zone d'émission ?

— Aucune chance de remonter à la source.

— Comme d'habitude avec Janus. Enfin, si nous cassons le code, sans doute y verronsnous un peu plus clair, soupira Vitarelli, tout en épongeant son front ruisselant de sueur à l'aide d'un mouchoir en tissu usagé.

— Bernstein va sortir de l'hôpital dans peu de temps, il échappera à notre surveillance.

C'est maintenant que nous devons le cuisiner !

— Pas question : l'enquête dépend des Fédéraux, d'autant qu'ils ont bien compris que l'explosion n'était pas due à une fuite de gaz. À ce propos, j'ai du nouveau concernant les échantillons ramassés à Seaport. L'explosif utilisé est un dérivé isomère du benzène d'après le labo, du trinitrobenzène. Un truc pas très courant, en tout cas par chez nous ; en revanche de l'autre côté du détroit de Béring, c'est une spécialité vieille de soixante ans !

— Terrorisme ?

— Plus compliqué que ça, McNabe, beaucoup plus compliqué que ça... militaire.

— Merde.

Les deux hommes restèrent un bon moment à mesurer silencieusement les implications de la théorie qu'ils venaient d'énoncer. Les murs de satin rose contrastaient brutalement avec la gravité de la situation : c'en était presque comique et McNabe fut le premier à en sourire.

— Putain, y a pas de quoi se marrer ! s'énerva l'Italien.

— Bah, c'est juste la perspective de sauver le monde au beau milieu d'un lupanar qui me titille les zygomatiques. Pour le reste, je crois qu'on a intérêt à avancer rapidement et à ne pas lâcher le petit Bernstein, si on veut pas le retrouver la tête dans un sac.

— Clair, mais faudrait pas oublier la môme et le clodo. Même s'ils n'ont qu'un vague rapport avec l'histoire, je pense que ce benzène à la mords-moi-le-nœud risque de les nettoyer rapidement. Je m'occupe de ton youpin, McNabe, quant à toi gère les deux loquedus. Allez, maintenant tu peux aller la boire, ta mousse.

11 novembre 1957

URSS, ancienne base militaire de Tungunska, à l'ouest de l'Oural

Le souffle d'un gros projecteur 8 mm résonnait dans la modeste salle qui accueillait aujourd'hui une vingtaine de spectateurs. Devant l'écran nacré, projetant une ombre digne de Murnau, le docteur Lyssenko soutenait un exposé à un auditoire tout yeux et tout oreilles. Le Premier Secrétaire du Parti l'avait quelques minutes auparavant mis dans tous ses états. Lyssenko fulminait, cherchant dans ses propos didactiques toute la réserve scientifique dont il était capable afin de ne rien laisser paraître.

— Les ovules sont prélevés sur les donneuses. Nous avons la chance d'avoir à quelques kilomètres d'ici un hôpital qui nous approvisionne tous les quinze jours.

L'auditoire ne manifesta aucun atermoiement. Chacun écoutait, prenant parfois des notes, interrogeant souvent.

— Vous avez suffisamment de volontaires ?

— Qui parle de volontariat ? Allons, soyez raisonnables, nos besoins vont croissant : nous n'avons pas le temps de nous embarrasser avec ces formalités morales. Ensuite, comme vous pouvez le voir ici (il pointa son index en direction de l'image) nous prélevons le noyau de chacun des ovules. Phase extrêmement délicate !

— Comment se compose votre équipe ?

— Quarante personnes travaillent sous ma hiérarchie directe ici à Tungunska. Mais à travers le pays, c'est environ deux cents chercheurs dont je dois coordonner les travaux.

— Est-ce que les noyaux survivent à leur extraction ?

— Nous obtenons un taux de réussite de vingt-cinq pour cent. Les cellules de la matrice sont prélevées et injectées à l'intérieur des œufs encore viables, afin de former un nouveau noyau. Mais ce qui est important, et ce qu'il vous faut réellement appréhender, c'est que nous avons dépassé le stade de scission des embryons. Nous ne copions plus la nature, qui parfois génère ainsi des jumeaux.

— Pourtant vous avez reconnu récemment que vos travaux se heurtaient à un problème sérieux.

Lyssenko tenta de dévisager dans la pénombre le visage de celui qui venait de s'adresser à lui. Il s'agissait d'un militaire, colonel peut-être – Lyssenko n'avait jamais excellé dans la science des galons. En tout cas, l'uniforme était celui de l'US Air Force américaine. Sa réponse se devait donc d'être complète et concise : pas le droit à l'erreur avec ces gens-là. Il s'éclaircit la voix avant de commencer.

— En effet, j'ai rapidement informé les intervenants impliqués dans le projet des limites auxquelles nous nous heurtons. Cette frontière se présente sous forme d'acides, des nucléoprotéines que l'on trouve dans les noyaux cellulaires et porteurs des caractères génétiques. Pour encourager l'œuf à se scinder, on le stimule par une faible décharge électrique qui malheureusement, à l'heure actuelle, détruit le bagage génétique de l'œuf.

— La génération d'un courant à ultra basse tension ne pourra s'obtenir avant longtemps ! Des équipes chez nous planchent sur le sujet depuis des années, poursuivit l'officier américain.

— Depuis le lancement réussi de Spoutnik, nous avons de bonnes raisons de croire à une satellisation humaine prochaine. Ce qui est impossible sur Terre le sera très vraisemblablement là-haut !

Un murmure général s'éleva dans la salle tandis que Lyssenko ramenait la lumière et éteignait l'impressionnant projecteur, à la bobine à présent dévidée.

— Un homme dans l'espace, c'est impossible ! Même von Braun ne cache pas qu'un vol habité est encore une pure spéculation de l'esprit.

— Messieurs, ce vol aura lieu, nous entraînons d'ailleurs déjà nos cosmonautes. Et ce jour-là, plus rien ne pourra arrêter ce que nous avons initié. Une collation vous attend au réfectoire, ce n'est que l'ordinaire, mais je vous assure que nos cuisiniers font parfois de véritables miracles. Si vous voulez bien me suivre.

La petite troupe se mit en branle et Lyssenko,

tel un berger, conduisit ses invités jusqu'à la cantine située au niveau un du complexe. Les questions fusèrent et le contenu des assiettes ne fit l'objet d'aucun commentaire. Les Russes, des politiciens, se révélaient les plus curieux. Plus pragmatiques, les militaires occidentaux demandèrent des précisions concernant la date butoir d'achèvement des travaux. Lyssenko fit face, conscient des enjeux : il s'agissait d'obtenir l'aval de l'ensemble des partenaires et d'emporter leur adhésion aux nouvelles orientations. Un incident vint cependant émailler, en plein café, la surface polie par le maître des lieux.

Alors que les officiels, repus de réponses et de ragoût, digéraient dans ce qui faisait office de salon de réception – c'est-à-dire une pièce un peu moins grise et sombre que les autres agrémentée pour l'occasion de quelques fleurs artificielles –, des cris parvinrent du réfectoire, suivis de bris d'assiettes ou de verres. Un homme entra dans le salon comme une furie, tandis que trois soldats en armes tentaient de le raisonner de leurs arguments. Ne tenant aucun compte du petit monde dont il venait de troubler la pause digestive et les débats, il fonça droit sur Lyssenko.

— Saloperie de cinglé, je t'avais prévenu, plus d'injections ! J'ai pas besoin de tes merdes !

Perché à 1,90 mètre au-dessus du sol, le géant hurlait, toisant de vingt bons centimètres un Lyssenko qui n'en menait pas large et qui vérifia la proximité du sergent et de ses deux hommes de troupe.

— Je vais te briser la nuque : après tout je débarrasserai certainement le monde de l'une de ses plus belles ordures !

Il le tenait désormais par le col de sa blouse blanche, sur le point de lui enserrer le cou de ses épaisses mains. Le sergent saisit sa Kalachnikov et balança un violent coup de crosse sur la masse de muscles qui effaçait Lyssenko. La montagne s'écroula aussitôt, en même temps que le sourire retrouvé de la victime, qui embrassa du regard son public médusé.

— Veuillez excuser ce petit incident, monsieur Youri Alexeïevitch Gagarine nous a fait l'honneur de l'une de ses habituelles prestations. Il n'assume pas les hautes fonctions que son pays lui confie : trop de pression, trop d'entraînement... Pourtant nous plaçons beaucoup d'espoir en lui, d'ici quelques années nous aurons fait de lui l'homme de la situation, à n'en pas douter ! Mais passons à la suite de votre visite, si vous voulez bien me suivre à nouveau, je vous emmène découvrir la Ferme. Je pense que cela finira par vous convaincre du bien-fondé et de la pertinence de nos recherches.

Dehors, les flocons tombaient par paquets. Le thermomètre s'affolait et les chasse-neige s'ébranlaient un à un, faisant retentir leur puissant moteur diesel, pour dégager les routes déjà recouvertes par vingt bons centimètres de tapis neigeux. Les bâtiments en béton brut disparaissaient, se fondant dans le paysage immaculé. La nature reprenait ses droits.

Matin du 5 mai 1999

Manhattan

Am avait rejoint le *Q-Base* vers 5 heures, soit une heure plus tôt qu'à l'accoutumée, comme pour se faire pardonner son absence de la veille, comme pour réveiller l'endroit. Elle avait abandonné Nemo, enseveli sous les couvertures et ronflant comme un percolateur. Du café chaud l'attendait à son réveil et un petit mot rédigé à la va-vite lui indiquait qu'il pouvait dévaliser les placards si le cœur lui en disait.

Tout en préparant des donuts, Am réfléchissait. Elle adorait ce moment de la journée, la radio distillait pêle-mêle et à bas volume les premières informations, le téléphone était muet, et les premiers parfums d'arabica planaient dans l'air. Sans les événements de ces derniers jours, Am aurait pu être heureuse. Elle décida pourtant de s'en amuser. Certes, ce qui était en train de lui arriver sortait pour le moins de l'ordinaire, cependant elle esquissa un sourire en s'imaginant star d'un *blockbuster* de l'été. Fouillant le scénario, elle distribuait grâce à son imaginaire les rôles principaux ; Howie, Nemo, ce crétin de la *No Say Anything*. À la radio passait le *Karma Police* de Radiohead : rapidement elle chercha l'ampli, histoire de donner à son film une bande-son irréprochable. Bientôt la voix du chanteur résonna dans tout le *Q* et Am entama un duo de choc, les mains occupées dans la pâte gluante.

C'est à peine si elle entendit derrière elle le bruit d'un raclement de gorge et d'une pièce résonnant sur le zinc du comptoir. Aussi sursauta-t-elle lorsque la voix grave de l'agent McNabe retentit pour signifier sa présence à la chanteuse en herbe.

— Mon Dieu, ça ne va pas de filer la frousse aux gens comme ça !

Elle avait porté sa main droite sur son cœur, déposant sur son tablier farine et œufs mêlés.

— De plus, je n'ouvre que dans une demi-heure ! Merde, ce que vous m'avez fait peur...

L'autre la regardait, s'amusant presque de son petit effet. Un petit tour que lui avait appris un collègue du Renseignement, ou comment utiliser à bon escient sa carte bleue. Et l'utiliser pour libérer la serrure de certaines portes.

Il s'attendait à ce qu'elle le reconnaisse immédiatement, mais apparemment Am ne voyait en lui qu'un client indélicat de plus. Aussi se sentit-il obligé de présenter à nouveau son badge, en un rituel bien rodé.

— McNabe, Ian McNabe, on s'est rencontrés à l'hôpital Rushmore.

— Ah oui, oui, je vous remets maintenant. Ça n'excuse pas le fait que vous auriez pu vous annoncer de façon moins sournoise. J'espère au moins que vous n'avez pas fracturé la porte ! Ça me ferait chier de vous envoyer la note.

— Je ne voulais pas interrompre pareil filet de voix. Même si le registre musical dans lequel vous semblez évoluer m'est totalement étranger.

Les pommettes de Am s'empourprèrent légèrement. Mais c'était de rage d'avoir été surprise dans un moment d'intimité et non en réponse à cette vile flatterie.

— Je ne vous sers pas de café, agent McNabe ? interrogea-t-elle, tout en fournissant la réponse.

— Non, je vous remercie. En revanche, un thé me ferait le plus grand bien.

Am savait accepter de perdre quand elle rencontrait plus fort qu'elle. Aussi elle prépara – après s'être essuyé les mains et avoir mis les donuts à cuire – deux tasses de thé à la bergamote.

— Écoutez-moi bien, Angie Magdalena Homes...

— Ne m'appelez pas comme ça, ne m'appelez plus jamais comme ça ou je vous jure que je vous castre à grands coups de couteau ! Am suffira, quoique dans votre cas mademoiselle serait encore le plus adapté.

McNabe sembla la prendre très au sérieux et reposa instantanément la tasse de thé brûlant qu'il allait porter à ses lèvres.

— Am, je ne suis pas votre ennemi. Je me fous pas mal de votre existence et ne tiens pas à y intervenir trop souvent. Cependant, et je ne sais pas encore pourquoi, vous faites partie intégrante de l'une de mes enquêtes. Alors malheureusement, d'un point de vue purement légal, cela vous oblige à coopérer. De plus, j'ajouterai que c'est dans l'intérêt de ceux qui vous entourent.

— Mais, bon sang, regardez autour de vous ! Vous êtes dans un cloaque de seconde zone, repaire de tous les mâles qui ne connaissent pas le déodorant. Est-ce que j'ai l'air d'une femme du monde, d'une Hillary Clinton ? Qui aurait intérêt à faire sauter le *Q* ?

— Quelqu'un a pourtant détruit l'appartement de Howie Bernstein et ce dernier, que je sache, ne ressemble pas à Bill Clinton. Ce thé est excellent !

— D'habitude, les hommes détestent la bergamote, vous êtes bien le premier à l'apprécier. Pas de chance, j'étais persuadée que vous le recracheriez illico. Loupé !

Am partit d'un petit rire, un minuscule rien qui dégela pourtant l'atmosphère. McNabe joua le jeu et, avec une assurance revenue, réclama quelque chose de solide.

— Ça fait longtemps que vous travaillez ici ? interrogea-t-il, tout en arrachant un morceau de donut bien chaud, mais pas tout à fait cuit.

— Un héritage, le *Q* est un putain d'héritage. Mais vous devriez savoir ça, à la NSA.

— Oh, cette information traîne certainement quelque part dans notre stock. Allez savoir quand nous la traiterons !

Ce connard voulait connaître sa vie, eh bien

il allait être servi et sur un plateau. Am décida de lui livrer quelques fragments de son existence. Non pas qu'elle lui fasse soudainement confiance, mais émotionnellement, elle savait que ça la défoulerait de parler. Quitte à remonter le passé, autant éviter les interlocuteurs du genre pancake et leur préférer un bon crétin de flic, pensa-t-elle avant de se lancer.

— J'ai été mariée, très jeune, trop jeune. Sur un coup de tête... si ça avait été le cœur, j'en serais pas là aujourd'hui. Ricardo, Ricardo Sanchez, une petite frappe du milieu. L'air de rien, il m'a embobinée, et ni une ni deux je suis tombée dans le panneau. *Heureusement*, il s'est fait descendre au bout d'un an de vie commune. Une balle dans l'œil, aucune chance d'en réchapper.

Am racontait sur un ton monocorde, presque morne. Elle ne paraissait pas affectée par l'évocation de la mort de son ancien mari. À peine si elle s'arrêta de presser ses oranges. McNabe, quant à lui, dévorait son donut à pleines dents sans en perdre une miette.

— Un gars pareil a eu l'extrême obligeance de vous coucher sur son testament ! s'exclama-t-il, la bouche pleine.

— Un truc que son comptable lui avait conseillé. En fait, il m'avait fait cadeau du *Q*, j'étais censée en être le propriétaire.

— Une femme de paille, en quelque sorte.

— C'est exactement ça, tous les droits sur le papier. Dans les faits, dès que j'ouvrais trop ma gueule j'en prenais pour mon grade. Enfin, ce salaud ne l'a pas emporté au paradis et quand il est mort, l'affaire était tellement bien ficelée que même son frère n'a pas pu récupérer le *Q*. Depuis, je m'en occupe toute seule comme une grande et je suis ma seule patronne. Vous pouvez me croire, je supporterai plus jamais personne qui me gueule dessus !

— Et vous avez connu Howie Bernstein de quelle manière ?

McNabe profitait de cette mise en confiance pour pousser plus avant.

— Naturellement. Enfin, je veux dire que quelqu'un comme lui devait nécessairement se retrouver au *Q*, un jour ou l'autre. Je crois qu'il a découvert l'endroit deux semaines à peine après son emménagement, c'est dire.

— Et jamais, depuis ce temps, vous n'avez entendu parler de Janus ? Réfléchissez bien, c'est extrêmement important.

— Non. Sincèrement non. Mais qui est ce Janus ?

McNabe hésita un moment. Il termina sa tasse et après la dernière gorgée, estima qu'il pouvait lâcher un peu de lest concernant Janus.

— Un pirate électronique. Janus est une espèce de corsaire du Net. Pour certains, il incarne la résistance à un monde surmédiatisé. Pour d'autres, Janus symbolise le mal absolu, destructeur de systèmes, parasite nuisible. Depuis des années, le FBI et la CIA tentent de le coincer, mais c'est un génie et il a toujours résisté à toute tentative de repérage, aussi sophistiquée soit-elle.

— C'est Errol Flynn, votre Janus ! plaisanta

Am, partie à la recherche des bouteilles de sirop d'érable.

— Howie a reçu des messages de Janus le jour même de l'explosion de son immeuble. Pour l'instant, nous n'avons pas réussi à les décrypter. Alors si nous pouvions comprendre pourquoi votre ami était en communication avec Janus, peut-être éluciderions-nous par la même occasion le mystère du poseur de bombe. Vous comprenez ?

— Je comprends que je ne peux pas vous en dire plus au sujet de ce Janus, puisque je n'en ai jamais entendu parler.

Am mentait. Elle aurait pu mentionner l'intrusion informatique de la veille, ainsi que l'étrange message qu'elle avait reçu et l'ébauche de dialogue qui s'était ensuivie. Mais elle voulait conserver une longueur d'avance sur ce McNabe qu'elle trouvait finalement sympathique, mais à qui elle refusait de faire confiance.

— Bien, j'espère que vous dites vrai : dans le cas contraire vous courez un grave danger. Je vous dois combien pour le thé et le donut à l'intérieur si délicatement pâteux ?

— Un dollar, s'il vous plaît, assena Am à un McNabe qui pensait s'en tirer à bon compte.

— Vous ne m'aimez vraiment pas, lança ce dernier tout en jetant sur le zinc reluisant un billet froissé.

— Je reste sur mes gardes, c'est tout. Après tout, la méfiance, à la NSA, ça fait partie de la formation, non ?

McNabe tourna des talons, les épaules voûtées par le dépit. Il se sentait inutile à présent.

Réduit à son état de collecteur d'informations sans véritable prise sur le réel. Am refusait son aide et même s'il comprenait ses motivations, cela lui pesait de ne pas être parvenu à la convaincre.

En sortant du *Q*, il croisa les premiers clients de la journée. Deux costauds engoncés dans leur pull-over à col camionneur, aux trognes ravagées par les alcools blancs et qui, vu l'odeur, sortaient tout droit de la criée de Fulton. Il se demanda ce que pouvait être la vie de Am, puis conclut que la sienne ne devait pas valoir tripette non plus.

Dehors, miracle du jour, la pluie semblait avoir abandonné la partie au profit d'un ciel moutonné percé de bleu. McNabe s'autorisa une petite escapade du côté des quais. Après tout, il était prudent de demeurer à proximité de Am. Arrivé au bout de la jetée en bois, il contempla un long moment le pont de Brooklyn. La ville avait célébré son 113e anniversaire en 1996. Plus d'un siècle, pendant lequel cette passerelle entre Manhattan et Brooklyn avait généré une éternelle fiction. McNabe se souvint de cette étrange histoire, commencée en 1869 par l'architecte John Roebling. Ce dernier était mort trois semaines plus tard, d'une gangrène contractée après que son pied eut été écrasé par un ferry-boat contre le pilotis de l'embarcadère. Puis son fils, Washington Roebling, avait pris la relève : il faillit mourir dans un incendie qui s'était déclaré dans un des caissons immergés. Paralysé à la suite de cet accident, il avait suivi de la fenêtre de ses bureaux de Brooklyn Heights l'évolution de la construction du pont. Ce fut sa femme qui prit la direction du chantier. Depuis, le pont ne cessait de fabriquer sa propre mythologie et McNabe contemplait avec fascination ses suspensoirs verticaux, sa passerelle surélevée, ses deux doubles arches néogothiques hautes de 84 mètres et ses 1091 mètres de long.

Après la mort de sa femme, McNabe avait souvent traversé ce pont en courant. Souvent il s'arrêtait à mi-parcours, le souffle coupé. Et la tentation l'envahissait de rejoindre le vide qui s'offrait à lui. Au-dessous, la rivière s'ouvrait et touchait ciel et mer. Au-dessus se dressait Manhattan, et peut-être Helena. La chute, le corps disloqué puis le repos de l'âme, McNabe avait envisagé plus d'une fois ce scénario. Mais le courage ou la volonté lui avait toujours fait défaut. Aujourd'hui, il ne regrettait plus. Helena avait disparu, fauchée par une saloperie de cancer de l'estomac, mais lui était resté pour faire vivre le souvenir de celle qu'il avait aimée.

— Ça va pas, m'sieur ? l'interpella un adolescent qui avait jeté sa ligne à quelques mètres dans l'espoir de ramener quelques poissons.

— Ça va, fiston, ça va. Je pense pas que tu remonteras grand-chose de ce tout-à-l'égout.

— Ah, c'est pas grave, de toute façon j'aime pas le poisson ! Mais la pêche, ça détend un maximum.

— Bonne journée, fiston !

— Salut.

Le ciel s'était définitivement dégagé, laissant place à un soleil radieux mais froid. McNabe grelottait, aussi il remonta le col de sa veste et enfonça ses mains au plus profond de ses poches. Il se dirigeait ainsi vers le Pier 17 lorsque le vibreur de son cellulaire lui taquina le bout des doigts.

— McNabe, c'est Vitarelli, du neuf du côté de la petite ?

— Rien, elle prétend qu'elle ne sait rien. Mais je pense qu'elle ne dit pas la vérité. À mon avis, elle n'a pas confiance en nous.

— Ça, c'est pas mon problème. D'autant que le youpin sort cet après-midi de l'hosto. Et une fois dans la nature, je donne pas cher de sa peau. Les Fédéraux sont venus le taquiner ce matin. Pour eux, il s'agit d'un attentat terroriste et ils ont mis un maximum de pression. Pourtant le Bernstein n'a pas bronché, à peine s'il a reconnu une ou deux infractions électroniques.

— On se plante peut-être. La piste de l'attentat me paraît plausible, surtout dans le contexte géopolitique actuel : réseaux musulmans, activistes tchétchènes, les illuminés manquent pas.

— Trêve de conneries, Beekman Street et ses immeubles pourris alors que Wall Street est à deux pas ! Qu'on me dise laquelle des deux cibles se révèle la plus médiatique pour un terroriste !

— Ouais, n'empêche que sans les messages de Janus, on avance à l'aveuglette.

— Les matheux sont optimistes, ça devrait

se décoincer au plus tard sous quarante-huit heures. Allez, *ciao* !

McNabe travaillait avec Vitarelli depuis un an. Il avait rejoint l'équipe du programme Echelon à sa demande, désirant plus que tout au monde quitter le poste d'archiviste qui était le sien depuis presque quinze ans. Sa spécialité était l'Union soviétique, aussi avait-il géré pendant ces longues années tous les documents écrits émanant du bloc de l'Est. Mais la responsabilité de ce service à la NSA ne lui offrait aucun développement sur le terrain. Il demeurait un rat de bibliothèque, faisant valoir son prestigieux doctorat de langue russe. Aussi lorsque Vitarelli, conscient de sa valeur, l'avait contacté pour compléter son équipe, McNabe n'avait pas loupé le coche. Depuis, il n'avait jamais eu l'occasion de regretter ce choix.

Echelon représentait un projet ambitieux, initié par Kennedy dans les années 60. Cependant, il impliquait un budget si considérable que le Congrès s'y était durement opposé. Moralement se posait également un certain nombre de problèmes : comment étayer une opération mondiale de surveillance, non seulement militaire mais également privée ? Ce n'est qu'en 1997 et sous le manteau qu'avait été véritablement mis en place le réseau Echelon. Mis en place par la NSA et ses partenaires au Royaume Uni, en Australie, au Canada et en Nouvelle-Zélande, ni la CIA, ni le FBI, ni même le Congrès n'avait autorité pour intervenir dans ce programme. Le grand public, quant à lui, ne connaîtrait que les bribes médiatiques soufflées à l'oreille des journalistes par des intoxicateurs professionnels. Concernant la logistique, elle était tout bonnement impressionnante : une véritable débauche de moyens humains et matériels.

McNabe occupait le poste de Responsable des flux numériques. Son rapport de veille technologique, rédigé en 1985, concernant la nécessaire croissance de la communication en réseau, avait retenu l'intérêt de Vitarelli, qui avait toujours considéré cette synthèse comme émanant d'un visionnaire et ne s'en était jamais caché, favorisant par là même la carrière de McNabe. Aujourd'hui, les deux hommes bossaient ensemble sur des faits et non plus sur des spéculations ou projections. Ils pouvaient même se prendre pour de véritables détectives, et c'était d'ailleurs ce qu'ils avaient attendu patiemment depuis leur entrée dans la NSA.

Am ferma le *Q* plus tôt que d'habitude, impatiente de rendre visite à Howie. Elle arriva à l'hôpital Rushmore avec sous le bras un sac en papier rempli comme ce n'était pas permis : hamburger, *cole slaw*, tarte au citron, soda. Un cadeau qui sembla réjouir le patient bien plus qu'elle ne l'avait espéré.

— Ça revigore, ton histoire. Avec la bouffe qu'on te balance ici, y a de quoi devenir dingo et remplir le service psychiatrique.

Howie avait retrouvé la pleine possession de ses moyens et excepté deux trois ecchymoses au visage, on aurait pu penser qu'il ne s'était rien passé. Am s'assit à côté de son lit.

Elle rit à ses plaisanteries et son sourire irradia Howie, troublé par cette naturelle et spontanée beauté.

— Tu sais que les blouses blanches me libèrent dans l'après-midi ?

— Super ! s'exclama Am.

— Juste que je risque pas de rentrer chez moi !

— T'inquiète pas, j'héberge déjà Nemo, alors un loqueteux de plus ou de moins...

— C'est gentil, Am, mais je vais me débrouiller. Le mec qui travaille avec moi, Nico, est un spécialiste des coups durs. Il me trouvera une solution !

— Arrête de discuter, tu crècheras à la maison avec ton pote, un point c'est tout. On va peut-être arrêter les gamineries, non ?

Howie acquiesça sans mot dire. Il savait que ce n'était pas la peine de lutter avec Am lorsqu'elle avait décidé quelque chose pour vous. Il la regarda passer sa main dans ses cheveux et sentit un frisson naître à la base de son échine.

— Parlons des choses qui fâchent, poursuivit-elle. Qui est ce Janus ?

Howie détourna la tête quelques secondes, comme pour esquiver la balle que venait de tirer Am. Mais le regard de cette dernière n'autorisait aucune échappatoire.

— Quand je me suis aventuré sur le Net, je n'avais pas d'idée précise sur ce que pouvait induire un pareil système de communication. Je suis vite sorti des sentiers battus et j'ai découvert un univers parallèle. Les gens qui y évoluent considèrent que la société telle que nous la connaissons se dirige dans le mauvais sens. Ces gens-là estiment qu'ils sont en guerre et utilisent toutes les ressources de l'Internet pour attaquer ou se défendre...

— Et tu fais partie de ces pirates ?

— Non, Am, moi je n'ai jamais été qu'un voyeur. Ce qui m'intéresse, c'est de comprendre les motivations d'hommes et de femmes qui, à l'aube du troisième millénaire, osent entamer une nouvelle révolution. Tu sais ce que j'ai vécu. On ne sort pas de la rue et du mépris ; c'est gravé à vie dans ta chair. J'en veux à la terre entière de laisser s'abîmer des citoyens, de les laisser tomber plus bas qu'un rat, de les oublier au fond d'une poubelle et de ne même plus leur adresser un regard. Alors si un Janus propose de remettre en question les fondements pourris de cette civilisation, il méritait au moins que je cherche à le rencontrer.

— Putain, tu sais que ce mec figure sur la liste noire de la NSA !

— Comment ça, la NSA ? Les seuls flics que j'ai vus appartiennent au FBI. Deux agents sont venus m'interroger ce matin, ils sont persuadés que l'explosion est l'œuvre d'un terroriste et ils m'ont cuisiné pour savoir si je n'avais rien remarqué dans la semaine précédente. Tu sais, du genre un Arabe barbu qui trafiquait avec une mallette noire, ou bien un mercenaire en treillis, des grenades à fragmentation en rang serré à la ceinture.

Am s'abstint de parler de McNabe. Elle l'écouta lui raconter les messages de Janus et frémit en les comparant mentalement à ceux qu'elle avait reçus. Pour le moment, elle ne voulait pas courir le risque de faire rechuter Howie et ne pensait qu'à une chose : le ramener chez elle, à l'abri peut-être de ses ennemis invisibles.

Après-midi du 5 mai 1999

New York, Morningside Drive West, 116e Rue

Le taxi déposa ses passagers au pied de l'immeuble de Am. Durant la course, le conducteur et Howie s'étaient découvert un vague lien de parenté, aussi Am avait pu écouter par le menu les mœurs et le folklore israélite de Soho.

— N'hésite pas à me téléphoner, faudra que je te présente ma petite famille !

— Pas de problème, répondit Howie, un pied sur le bitume du trottoir, l'autre toujours emprisonné dans la voiture.

Am tendit au chauffeur un billet de dix dollars que ce dernier refusa d'un geste indigné.

— Ça va pas la tête, vous avez pas imaginé un seul instant que j'allais vous réclamer quoi que ce soit ! Le transport est gratuit pour Howie et sa petite amie.

Il démarra en trombe, si rapidement qu'Howie faillit ne pas avoir le temps de refermer la portière. Et pour marquer le coup de façon significative, il appuya deux ou trois fois sur le klaxon, dont l'écho se perdit jusqu'au fin fond de la 116e Rue.

Am, que l'allusion à une liaison avec Howie

avait quelque peu tourneboulée, tentait tant bien que mal de dissimuler le joli rouge carmin qui envahissait les moindres parcelles de son visage. Howie, quant à lui, inspectait, ponctuant son observation de quelques superlatifs, le bâtiment qui se dressait devant lui.

— Ça en jette ! Les briques, le lierre grimpant, putain j'espère que t'as au moins un loft là-dedans !

— Je crains que tu ne sois déçu...

— Aucun risque : d'un point de vue purement architectural, ça me botte carrément. D'autant que j'imagine très bien l'aménagement intérieur de ce style de bâtisse. Heureusement que je n'ai pas téléphoné à Nico, parce qu'au mieux je terminais dans un squat à Harlem.

— Faudra que tu penses à prévenir ton employeur, ce serait con de te retrouver, en plus de tout ça, au chômage.

Howie réfléchit un instant. Depuis l'explosion, il lui fallait constamment faire un effort de mémoire pour retrouver les pièces éparses de son passé récent et lointain.

— Je crois qu'une infirmière s'en est chargée à l'hôpital. Elle avait besoin de connaître les coordonnées de mon assurance avant d'autoriser mon entrée en soins intensifs. Et comme je n'avais aucun papier sur moi mis à part mon badge d'OG&M...

Au sixième et dernier étage sans ascenseur, Howie demanda grâce. Plié en deux, les mains sur les genoux, il s'époumona, tentant de récupérer un rythme cardiaque normal.

Am se tenait déjà au bout du couloir et cherchait les clefs au fond de son sac. Elle paraissait préoccupée et ne prêta aucune attention aux déboires pulmonaires de son ami. Celui-ci la regarda s'engouffrer dans son appartement, tout en avançant à pas mesurés.

Am estima rapidement la situation. Les objets déplacés. Presque imperceptiblement, le salon avait changé de configuration et ce n'était pas dû au seul fait que Nemo n'avait pas replié le canapé convertible, laissant son lit en bataille ainsi que ses affaires sur le parquet. La lumière filtrait de derrière les lames en bois des stores et faisait danser les particules de poussière. En entrant dans la cuisine, Am éprouva une sensation d'effroi et d'horreur mêlés. Elle voulut crier, mais ses cordes vocales se refusèrent à exprimer ne serait-ce qu'un soupir.

Sur la table, le café était resté dans la tasse. Les tranches de pain de mie grillées à point avaient été éjectées violemment par le toaster chromé et reposaient sur le linoléum. Nemo, quant à lui, se tenait assis en face de Am, les yeux grands ouverts, exorbités. Figé en une pose morbide, sa tête était légèrement inclinée et on devinait à la base de son cou une blessure assez large. Du sang avait giclé jusque sur le réfrigérateur et Bowie lapait rageusement dans la flaque d'hémoglobine qui stagnait sous la chaise de Nemo.

Entrant à cet instant, Howie trouva Am tétanisée.

— Merde ! C'est pas vrai, Nemo ! Nemo ! se

mit-il à hurler, contrastant avec le silence accablé de Am.

Il se précipita vers le cadavre, manquant de glisser sur la tache rouge qui semblait grossir à mesure que le temps s'écoulait. Le chat, dérangé dans son repas, feula méchamment et s'enfuit par la fenêtre entrouverte. La gorge de Nemo avait été tranchée sur pratiquement le tiers de sa profondeur, la tête n'adhérait plus au tronc que par un miracle de la gravité. Aussi Howie se contenta de serrer la main froide et blanche de son vieil ami.

— Nemo, tu peux pas partir comme ça...

Les larmes commençaient à noyer la colère. Face à la mort, la rage ne suffisait plus, seul le recueillement pouvait encore procurer un peu de réconfort. Am avait rejoint les toilettes, afin de vomir la bile translucide qui lui obstruait la gorge. Howie l'entendait maintenant sangloter, tandis que lui-même libérait son cœur de l'étreinte du malheur, trouvant à son grand étonnement suffisamment de compassion pour surmonter son immense peine.

12 avril 1961

**Washington, Maison Blanche,
bureau ovale du président**

Les jardins de la résidence voulue par George Washington en 1791 ouvraient sur un Potomac aux eaux presque bleues. La verdure reprenait ses droits et les bourgeons pointaient vers un ciel offert au soleil printanier. Il faisait doux, Washington respirait une brise presque tiède dans l'insouciance des parcs et des avenues.

Pourtant, à l'abri des colonnades du côté nord et des portiques semi-circulaires du côté sud, c'est à une tempête que l'on se préparait. Un groupe constitué de cinq ou six hommes entourait un poste de télévision. Sur l'écran, des images en noir et blanc se succédaient sur un commentaire érudit. Les visages de chacun présentaient une tension anormale, et l'on sentait que plus qu'un simple reportage, c'était l'Histoire personnifiée qui inscrivait en direct et en lettres cathodiques un nouveau chapitre de la chronologie mondiale.

« *Alors que notre pays pratiquait les premiers tests de vol habité sur un chimpanzé devenu astronaute d'un jour dans une capsule Mercury, les ingénieurs soviétiques ont fait aujourd'hui de Youri Gagarine le premier homme dans l'espace. Dans sa capsule Vostok 1, ce pilote de l'armée de l'air soviétique effectuera une révolution complète autour de la terre en près de deux heures. L'apogée du vol se situera à 302 km et son périgée à 175.*

» Gagarine est né en 1934 : à vingt-sept ans il entre dans l'histoire ! Rappelons que la science communiste possède déjà en matière spatiale un certain nombre de records : première satellisation avec le vol de Spoutnik, premier être vivant placé en orbite en la personne de la chienne Laïka sur Spoutnik 2. Et en ce 12 avril 1961, l'Union des Républiques Socialistes Soviétiques peut se targuer d'avoir envoyé le premier être humain dans l'espace. »

Autour du jeune président Kennedy, on pouvait compter son frère Robert, John Edgar Hoover, Wernher von Braun ainsi que Allen Welsh Dulles.

— La voilà votre nouvelle frontière, bien à l'est d'Eden, ironisa Hoover, confortablement assis depuis 1924 dans son fauteuil de directeur du Bureau Fédéral d'investigation.

Le premier à riposter fut le frère du président, que le vieux Hoover n'effrayait pas plus que cela.

— En matière de justice ou de problèmes raciaux, le président a certainement montré plus d'audace que l'administration sclérosée dont vous avez la charge.

Hoover manqua de s'étrangler et s'apprêtait à renvoyer dans les cordes ce petit morveux qui jouait sous l'aile de son frangin, lorsque John Fitzgerald Kennedy intervint.

— Nous sommes manifestement dépassés par les événements. Est-ce une raison pour nous affronter ? Votre comportement est indigne de votre patrie. Quant à toi, Bob, jeter de l'huile sur le feu n'a jamais fait qu'attiser l'incendie.

Hoover ponctua l'intervention du président par une quinte de toux rauque, tandis que sur l'écran de télévision défilaient un à un les grands moments de la conquête spatiale. Épisodes qui semblaient ne passionner que von Braun, littéralement absorbé par le flux ininterrompu d'images d'archives.

— Voilà à quoi conduit la faiblesse. Le communisme ne méritait aucune largesse, aucune tolérance. Maintenant nous avons au-dessus de nos têtes une épée de Damoclès nucléaire. Rien n'interdit de penser que les Russes ne placeront pas dans les jours à venir des ogives nucléaires dans l'espace. Et nous, pendant ce temps, nous regarderons leur sacre à la télévision.

Allen Dulles venait de parler avec l'agressivité qui le caractérisait. Directeur de la CIA, ancien de l'OSS, il avait toujours prôné une politique combative vis-à-vis du bloc de l'Est en général et du communisme en particulier.

— Notre heure sonnera, notre heure sonnera, répéta von Braun avec un accent germanique prononcé.

— En attendant, les Ruskofs nous coiffent

au poteau et nous ridiculisent un peu plus aux yeux du monde, répliqua Hoover sur un ton las.

— Eh bien, je pense qu'il est peut-être temps d'oser le rapprochement !

— Bob ! tenta de le stopper le président.

— D'après les renseignements fournis par vos services (Robert Kennedy se retourna vers Dulles), il apparaît que Khrouchtchev représente la minorité « ouverte » de la classe dirigeante. C'est un homme tourné vers l'avenir, et non vers le passé. Sa politique intérieure dénote une forte volonté de rupture avec la tradition stalinienne. Nous pourrions provoquer une rencontre. La compétition scientifique pacifique nous donne une occasion unique d'en finir avec la guerre froide. On pourrait faire de l'espace une *terra incognita* commune à l'humanité tout entière et partager le savoir de nos deux nations...

Le jeune frère du président s'était emporté bien plus que le protocole ne le permettait. John fronça les sourcils, mais il ne pouvait en vouloir à celui qui ne faisait qu'énoncer un rêve qui avait peuplé de nombreuses nuits.

— Sauf votre respect, monsieur le Président, votre frère semble négliger un certain nombre de détails que je me dois de lui rappeler. Nous devons à ce bon vieux Nikita d'avoir écrasé cruellement l'insurrection hongroise, d'encourager la construction d'un mur entre les deux Allemagnes, de mener tambour battant une politique suicidaire et dangereuse avec la Chine. Certes, le bonhomme est affable mais, au nom de Dieu, n'en faisons pas un saint !

Dulles semblait satisfait de son petit exposé didactique. Les autres, von Braun compris, guettaient la réaction du président. Elle ne se fit pas attendre.

— Vous connaissez tous mes convictions. Je crois à la coexistence pacifique. Je crois en un monde où ne pèserait plus la menace nucléaire. Et puisque vous évoquiez le Créateur, j'ajouterais que je crois en l'Homme, tout simplement. Aussi je rencontrerai Khrouchtchev, le plus rapidement possible. Si possible en Europe ; symboliquement ce serait l'idéal. Maintenant, messieurs, je vous invite à retourner au travail, notre pays en a besoin.

Nul ne contesta la décision du président et chacun repartit, serviette sous le bras ou mallette à la main. Seul Hoover maugréa et lâcha un puissant juron, juste après avoir quitté le bureau ovale. John Kennedy, qui demeurait seul à présent, éteignit le téléviseur et se servit un grand verre d'eau. Il était le trente-cinquième président des États-Unis d'Amérique, et avec un peu de chance, il serait le premier à établir une paix mondiale durable.

[illegible] mais, au nom de Dieu, [illegible] bonne [illegible].

[illegible] de son [illegible] [illegible] [illegible] du président. [illegible]

— Vous commencez [illegible] [illegible] en [illegible] [illegible] que je crois [illegible] [illegible] le plus [illegible] [illegible] pas [illegible].

[illegible] John [illegible] [illegible]

Après-midi du 5 mai 1999

New York, Morningside Drive West, 116e Rue

C'était Am qui avait pris l'initiative de composer le 911. Elle avait retrouvé suffisamment de force pour affronter le réel, aussi abominable soit-il. Femme de tête, Am avait pris sur elle après s'être effondrée et maintenant, elle semblait gérer la crise d'une main sûre et exacte. Howie se réfugiait dans de longs palabres, monologues paranoïaques qui le conduisaient aux frontières de sa santé mentale. Effondré sur une chaise, il ne cessait de débiter les mêmes phrases.

— Je suis celui que tu as cherché. Maintenant trouve-moi.

Tous les deux en avaient presque oublié la présence du cadavre de Nemo dans la cuisine. Am déambulait devant la bibliothèque, ne laissant plus transparaître aucun sentiment. Tout comme Howie mais d'une autre façon, elle s'interrogeait, subissant l'écho du disque rayé de son ami. Elle ne remarqua pas immédiatement le petit fanion qui s'agitait dans le coin du moniteur de son ordinateur. Il lui fallut attendre la petite alarme sonore pour qu'elle réalise qu'un mail venait de débouler.

À cet instant de conscience, Am se précipita vers l'écran, manquant de trébucher sur les jambes allongées de Howie.

- Pourquoi ne me cherchez-vous pas ?

Il ne reste plus beaucoup de temps avant que le premier cercle ne soit plus.

Les livres sont nos meilleurs remèdes.

Am appuya si fort sur les touches du clavier que la lettre E manqua de se déboîter.

- Un de mes amis est mort, le saviez-vous ?

— La mort entre dans les cercles comme toute chose.

Mais on peut couler une existence à vouloir comprendre ce qui a tué.

Le plus important demeure la motivation et non l'acte en lui-même.

Je ne peux vous en dire plus, le code est cassé.

Cherchez mes premiers mots, tout y est contenu.

Fin de communication.

— C'était encore lui, n'est-ce pas ? questionna Howie sans bouger de sa chaise, sans même relever les yeux.

— Oui, en tout cas je crois. Il m'a dit de chercher ses premiers mots, que les réponses à nos questions s'y trouvaient contenues. Howie, est-ce que tu te souviens de ce que Janus t'a dit la première fois qu'il t'a contacté ?

Howie se gratta la tête comme pour en faire jaillir quelque chose, ramena ses jambes dans un craquement d'os terrifiant, puis s'étira longuement. Il se plaisait dans cet appartement, que Am avait décoré avec goût et sans fioritures. Il s'y sentait bien, malgré le drame qui venait de s'y dérouler. Peut-être parce qu'il avait avant tout besoin de retrouver des marques tangibles dans son univers si rapidement fracassé. Les murs étaient peints d'un beige délavé et se mariaient à merveille avec une épaisse moquette en laine bouclée. Des plinthes en bois naturel couraient le long des murs et encerclaient une cheminée de style en marbre gris. Cette pièce qui respirait le calme et appelait à la sérénité rappela à Howie le capharnaüm qu'avaient toujours été ses lieux d'habitation. Jamais, et ce depuis sa chambre d'enfant, il n'avait réussi à créer un univers ordonné autour de lui. Malgré les remontrances, les efforts personnels, rien jamais ne fit naître ne serait-ce que l'espoir de voir Howie ranger son petit monde.

— Eh, tu m'écoutes ou quoi ! Faudrait pas t'endormir, parce que je te signale qu'on se trouve tout de même dans une sacrée mouise !

Howie parut surpris de la réaction de Am. Il écarquilla grand les yeux, comme un enfant qui ne comprend pas pourquoi on le gronde de la sorte. Puis machinalement et sur un ton presque mécanique, il se mit à débiter :

— « Nous sommes tous en danger, la guerre a commencé. Début à la page 128 du *Principes Moralis*. » Ça ressemblait à quelque chose comme ça. Autant dire que ça va nous emmener bien loin !

— Page 128 d'un livre qui aurait pour titre *Principes Moralis*. On dirait de l'italien...

— Du latin, Am, à mon avis du latin, soupira Howie en se levant.

— Eh bien, nous n'avons plus qu'à effectuer une petite recherche pour savoir où on peut se procurer ce bouquin.

Am se dirigea vers l'ordinateur, dont l'écran s'était noirci pour cause d'économie d'énergie.

— *Principes Moralis*, voilà y a plus qu'à laisser faire. On va bien voir ce que remontent nos filets.

— Je sais pas pourquoi, mais j'ai un mauvais pressentiment, m'est avis que la pêche va pas être bonne.

— Écoute, Howie, je sais pas ce que t'as depuis un moment, mais j'aimerais assez que t'arrêtes de jouer le pessimiste forcené. Un peu d'esprit positif, j'avoue que ça m'aiderait ! Tu crois que je ne pense pas à Nemo, tu crois que j'ai oublié son cadavre dans la cuisine ? Il est gravé là (elle pointa son index sur son front) pour toute mon existence, mais on doit savoir pourquoi il est mort. On lui doit ça ! Alors bouge-toi !

Le moteur de recherche était lancé, il allait faire le tour du monde, chercher, chercher encore et afficher en pourcentages les liens se rapportant à la requête. Cela pouvait prendre quelques minutes, selon la complexité de ce qu'on lui demandait de trouver. La prospection suivait le même schéma que l'exploitation minière, elle suivait les filons dans différentes strates, et s'enfonçait aussi profondément que possible pour traquer la gemme.

```
- Aucune réponse.
Complétez votre recherche.
```

— Putain de bordel de merde ! gueula Am sur un timbre à briser les vitres.

— Je te l'avais dit...

— Oh toi la ferme, la ferme, la ferme !

Elle s'était mise à le frapper de ses petits poings serrés. À le frapper avec l'énergie du désespoir, avec la force implosive du vide absolu. Et sa tristesse cette fois-ci aspirait tout. Une lampe au pied de verre soufflé s'écrasa par terre et Howie manqua de basculer sous cet assaut inattendu. Il parvint à la contenir, la serrant contre lui de toutes ses forces, et cette pression chaleureuse la libéra petit à petit du joug de la peine. Au bout de quelques secondes, il ne resta plus que des larmes partagées.

— Police, ouvrez !

— C'est pas trop tôt, murmura Howie, il est temps que Nemo repose en paix.

— Et nous avec, ajouta Am en allant ouvrir la porte.

5 et 6 mai 1999

Manhattan, *Q-Base*

Am et Howie étaient tombés sur les inspecteurs les plus tarés de la ville de New York et certainement de l'ensemble de la Côte Est. Ces derniers, sans doute pour clore l'affaire le plus rapidement possible, pensaient évidemment faire des amis du clodo les assassins de ce dernier. Le plus gras des deux, un Blanc à la bedaine débordante et à la cravate tachée d'huile de friture, bassina Howie tout l'après-midi, se tenant à la lisière d'une violence qu'on sentait incontrôlée et incontrôlable. Quant au second, plus réservé, plus maigre aussi, il ne cessa de reluquer les seins de Am et de baver devant elle comme un chien en rut.

Bien évidemment, ils ne présentèrent aucune excuse lorsque le premier rapport du médecin légiste tomba, formel. La mort remontait à plus de trois heures avant la découverte du corps. Lorsque le crime avait été commis, Howie se trouvait encore sur son lit d'hôpital, et Am au *Q*.

En sortant du commissariat, tard dans la nuit, Am expliqua qu'elle préférait aller dormir au *Q*. Elle ne se sentait pas de retrouver un appartement dans lequel errait encore l'âme d'un défunt. Howie ne put se retenir de sourire et de blaguer sur les fantômes. Am s'en formalisa et lui expliqua le plus sérieusement du monde que le corps d'un mort ne pouvait accéder au Ciel ni même aux Enfers tant qu'il n'était pas béni et enterré : il se trouvait donc comme sur un pont entre le commencement et la fin. Elle ajouta pour finir que c'était ce phénomène qui donnait lieu aux apparitions spectrales et autres maisons hantées.

Non, il valait mieux ne pas rentrer à Morningside Drive West, c'était certain. Au *Q*, le sous-sol abritait un vieux lit de camp et quelques bonnes couvertures en laine. Howie esquissa vainement le souhait d'aller dormir de son côté à l'hôtel, il en connaissait de bon marché vers Little Italy. Mais Am refusa, prenant sa main dans la sienne et plongeant ses yeux de femme jusque dans son âme.

Cette nuit-là, les étoiles brûlèrent de tous leurs feux, laissant échapper toute la puissance de leur lumière. Am et Howie bravèrent ainsi les millions d'années pour figer l'éternité de leurs enveloppes charnelles. De leurs joutes sensuelles n'émana aucun cri, aucun mot, le silence seul marqua la jouissance, caressa la retraite pour venir enfin s'échouer dans le sommeil.

Ils n'eurent guère le temps de se prélasser. À 7 heures, Ian McNabe vint frapper à coups redoublés contre la vitre close du *Q*. Son visage, déformé par l'épaisseur du verre, paraissait boursouflé, disproportionné par rapport au tronc. La scène possédait un air comique, quelque chose de ces anciennes comédies, fleurons du cinématographe muet. Cependant, lorsque Am fit jouer dans son rail la baie vitrée, c'est un souffle de tempête qui s'engouffra dans le *Q*. McNabe fonça droit devant lui en furie, vociférant, manquant de renverser une chaise sur son passage.

— Vous êtes contents, maintenant ? Hein, vous pouviez pas m'écouter, il vous fallait un autre macchabée ! Un chiffre pair, c'est ça, pour contenter deux fanatiques de numérologie ? Putain, mais vous êtes tous les mêmes, de vrais connards pour qui l'État ne devrait même pas investir un *cent* !

Désormais McNabe traçait de larges cercles, tournant en ronds concentriques autour des deux amants encore engourdis par leur bonheur nocturne. À mesure qu'il se rapprochait, il brassait de plus en plus d'air et Am sentit même un léger souffle venir lui battre la joue. Enfin, il se stabilisa à un mètre environ de ses interlocuteurs.

— *Ceci* est l'agent McNabe, de la NSA, précisa Am au regard interrogateur d'Howie.

— Écoutez, monsieur le brasseur de vent... tenta Howie.

— Je n'écoute rien, mais alors rien du tout ! Ou plutôt si, je vais vous écouter et vous allez me raconter de A à Z ce que vous traficotiez avec Janus. Parce que j'en ai ras le bol de ramasser de la viande refroidie. Mon job c'est l'information, pas la boucherie, j'appartiens pas au FBI, et je n'ai jamais eu le plus petit faible pour les tarés aux chromosomes méchants. Et je ne tiens pas non plus à réaliser un remake du *Silence des agneaux*, pigé ?

Am acquiesça de la tête, tandis qu'Howie esquivait le regard insistant de McNabe.

— Pigé, Howie ? insista-t-il sur un ton sans réplique.

— C'est reçu fort et clair, finit par lâcher ce dernier.

— Bon, alors installons-nous et déballez-moi la marchandise. Ne vous souciez pas de l'ordre, je me charge du tri.

Ils s'assirent tous les trois, Am se relevant quasi immédiatement pour préparer du café. Howie et McNabe se retrouvèrent face à face, l'un attendant de l'autre le premier pas, la première parole. Curieusement ce fut Howie, que l'éloignement passager de Am avait quelque peu détendu, qui ouvrit les festivités.

— Pour commencer, je ne veux pas qu'elle se retrouve mêlée à ça, chuchota-t-il.

— J'ai bien peur qu'il ne soit trop tard, Howie. L'assassin de Nemo n'ignore pas que Am fait partie de la chaîne. Ce qui m'intéresse, c'est de trouver les raisons qui le motivent à en liquider les maillons et surtout ce qui le relie à Janus.

— En tout cas, je veux la préserver. C'est à cause de moi, uniquement à cause de moi que tout cela s'est mis en branle. Je ne veux pas qu'il lui arrive quoi que ce soit.

— Je ne peux rien promettre, si ce n'est de

vous garantir à tous les deux une protection jusqu'à ce qu'on y voie plus clair.

Am revint avec une cafetière remplie à ras bord et des mugs qu'elle posa délicatement au centre de la table. En un service impeccable, elle fournit à chacun une tasse à la chaleur et au parfum réconfortants.

— Il faut lui faire confiance, on n'a plus le choix, dit-elle tout en regagnant sa place.

— OK, OK. Je ne sais pas qui est Janus...

— Recommencez pas avec vos conneries ! gueula McNabe.

— Eh, je peux peut-être finir ma phrase. Je ne sais pas qui il est *physiquement*. Je n'ai jamais été en contact réel avec lui. D'ailleurs, avant son premier message à mon boulot, je n'avais même jamais espéré pouvoir dialoguer avec lui. Alors bien sûr, je connais le personnage, je suis au fait de ses activités un peu en marge du système.

— Illégales, corrigea McNabe.

— Enfin bref, pour résumer, Janus est entré en contact avec moi en me demandant de me reporter à la page 128 du *Principes Moralis*, sans doute un bouquin.

— Dont nous n'avons trouvé aucune trace. Inexistant sur le Net, en tout cas, se crut obligée de compléter Am.

McNabe consignait les moindres paroles de Howie sur un petit carnet à spirale métallique blanche. Son écriture très scolaire venait se loger avec précision dans les carreaux imprimés de chaque feuille.

— *Principes Moralis*, je pense que nous devrions trouver ça quelque part chez nous.

Ce serait bien le diable si ce bouquin n'était pas référencé, marmonna-t-il.

— Ensuite, le second message je l'ai reçu chez moi. Quant au troisième, c'est chez Am qu'il est arrivé.

— Oui, et je l'ai même questionné au sujet de l'explosion dont Howie avait été la victime.

— Vous a-t-il répondu ? questionna fébrilement McNabe.

— Il a parlé de benzène, quelque chose dans le genre, je me souviens plus très bien...

Un silence s'installa, McNabe semblait sous le choc.

— Du trinitrobenzène, dérivé isomère du benzène, finit-il par articuler.

— Oui, c'est ça, c'est tout à fait ça. Mais comment avez-vous deviné ? s'étonna Am, adorablement ingénue.

— Rien de magique : ce sont les résultats concernant la nature de l'explosif qui a pulvérisé l'appartement d'Howie, bien évidemment confirmés par nos experts.

— Ça veut dire que ce salaud de Janus a posé la bombe ! s'exclama Am.

— Mmm, en tout cas Janus semble bien renseigné. À moins d'avoir son propre labo, je ne vois pas comment il pouvait être au courant. À moins qu'il ne se soit introduit dans notre Intranet, ce qui me paraît improbable.

— Il a également dit qu'il était à cheval sur deux mondes.

— Am, vous ne pouvez pas faire un effort et vous montrer un peu plus précise ? À cheval sur deux mondes ?

— Je ne sais plus, moi, vous croyez que j'ai

mémorisé la plus petite parcelle du peu que ce connard nous a imposé. Mais putain, je fais ce que je peux !

Les larmes commençaient à engorger ses yeux. Howie fronça les sourcils.

— Bon, maintenant ça suffit. Vous avez pris vos petites notes, ramenez votre copie à la NSA et enclenchez la machine. En ce qui la concerne, contentez-vous d'assurer sa sécurité, un point c'est tout.

McNabe sortit son téléphone portable, un Nokia dernier cri.

— Vitarelli, il me faut deux gars de la sécurité au Pier 17 à Seaport dans une heure. Et j'aimerais que vous lanciez un protocole de recherche sur les deux mots que je vous fais parvenir par messagerie. Un protocole de niveau cinq. Je vous explique dès que je peux. Merci.

Sitôt la communication avec Vitarelli terminée, McNabe pianota sur le minuscule clavier de son cellulaire. « P.R.I.N.C.I.P.E.S — M.O.R.A.L.I.S », puis valida l'envoi de son message, qui grâce aux prouesses de la technologie se trouva propulsé sur les ondes radio, pour atterrir sur le central de réception numérique de l'antenne de la NSA à New York.

— Voilà, ça ne devrait plus tarder maintenant. On n'a plus qu'à attendre tranquillement. Tant que les agents de la sécurité ne sont pas arrivés, je vous conseille de rester ici. Je ne suis pas un tireur d'élite, mais au moins je suis armé. Et vous avez de la chance d'être tombés sur l'un des rares agents de la NSA à supporter les armes à feu ! Notre pain quotidien c'est plutôt le modem, l'antenne parabolique, ce genre de gadgets.

McNabe souffla bruyamment, comme si le simple fait d'avoir à jouer au cow-boy l'épuisait d'avance, et se resservit une tasse de café.

— Je me demandais, mais enfin ça ne me regarde pas trop...

— Ça c'est nouveau : la NSA se met à respecter la vie privée des citoyens ! s'exclama Howie.

— Je me demandais ce que vous foutiez avec un clodo comme ce Asthon Smith.

— Disons que nous trouvions mille fois plus enrichissante la compagnie de ce *clochard* que la vôtre, agent McNabe.

McNabe comprit que sa curiosité avait été mal interprétée. Il voulut s'excuser ou tout du moins reformuler les choses mais il était trop tard ; Howie avait pris la mouche et Am le regardait d'un air courroucé. Pourquoi n'avait-il jamais réussi à plaquer les bons mots sur les bons sentiments ? Même avec Helena, il n'était jamais parvenu à venir à bout de cette distorsion du langage. Toujours il y avait cette phrase assenée comme une sentence, ce désir malencontreusement égaré au bout de la langue, ces déclarations aux multiples points de suspension. Combien de fois s'étaient-ils déchirés à cause de cela ? Même lorsqu'elle avait commencé son traitement, et malgré la souffrance, McNabe n'avait pas su exprimer le réconfort, le soutien, la présence. Il s'était dissimulé sous des bouquets de fleurs, dans des boîtes de chocolats à l'eau de vie dont elle raffolait malgré les sévères interdictions de ses médecins traitants. Jamais, jusqu'à son dernier souffle, jusqu'à la dernière pression de sa gracile main, son cœur n'avait rencontré ses cordes vocales.

— Laissez tomber, laissez tomber... grommela-t-il finalement tout en se levant. Les toilettes ?

— Au fond, la porte jaune, mais j'ai pas encore remplacé les rouleaux de papier, avertit Am.

— Pas grave, juste envie de pisser.

vocales.

— Laissez tomber, laissez tomber [illegible] définitivement [illegible] entre le [illegible]. Les toi-
lettes ?

— Au fond, la porte, tiens. Il n'y a pas [illegible] remplacé les cartons de papier [illegible] hygiène.

12 avril 1961

Washington D.C., Bibliothèque du Congrès

La grande salle de lecture semblait avoir emprisonné le silence en ses murs. C'est à peine si l'on pouvait percevoir le léger froissement des pages que des lecteurs avides de connaissances tournaient quasi religieusement. La Bibliothèque du Congrès, l'une des plus grandes et des mieux organisées du globe, offrait encore ce que le monde extérieur avait oublié depuis bien longtemps : la quiétude et le repos de l'âme. Et ce sans oublier peintures, sculptures, marbres de toutes origines, faste quasi byzantin que la démocratie déployait en l'honneur de la culture universelle.

Ivan Arkadevitch Bagdassarov regarda sa montre pour la troisième fois : sa semelle battait le parquet en cadence en un clapotis qui lui avait déjà attiré les foudres de deux aides-bibliothécaires. Éclairs qui étaient venus mourir sur son badge de l'ambassade soviétique, véritable paratonnerre. Il attendait depuis une bonne heure, et détestait le manque de ponctualité. Heureusement, il en profitait pour se délecter du spectacle de ces milliers de volumes aux dos ronds, aux nerfs de cuirs patinés par le temps. Il humait à pleins poumons l'odeur si particulière de la lignine, ce composant qui, associé à la cellulose, permettait l'obtention du papier, mais qui le temps passant était également responsable de son jaunissement. Bagdassarov aimait les livres. Au fond, peut-être aurait-il dû se rabattre sur une carrière de conservateur, et oublier rapidement la politique. Mais il avait cru que la pratique l'emporterait sur la théorie révolutionnaire, oubliant les préceptes de Lénine. Et l'Histoire lui avait fait payer son erreur de jugement.

— Ah, enfin, mais qu'est-ce qui vous a pris de me fixer rendez-vous dans cet endroit ?

— Je n'ai matériellement pas le temps de vous expliquer. Il me faut en venir rapidement au but. D'autant qu'ils m'ont retrouvé, et je n'en ai plus pour très longtemps à vivre.

La femme qui parlait ainsi portait des lunettes de vue à la monture en écaille. Son élégant tailleur marron était froissé, un de ses bas avait filé et ses cheveux emmêlés semblaient ne pas avoir connu de shampooing depuis une bonne semaine. On lui donnait la trentaine et malgré son apparence négligée, il se dégageait d'elle une force et une beauté surprenantes. On observait, émanant de ses yeux, ce même halo qui illumine une femme qui vient d'enfanter.

— Leurs travaux sont beaucoup plus avancés que nous ne pouvions l'imaginer. De plus, Lyssenko a les coudées franches, il a réussi à convaincre Khrouchtchev d'évincer ses plus farouches détracteurs à l'Académie des Sciences.

Parfois, la jeune femme esquissait un regard circulaire pour s'assurer que tout allait bien.

— Nous ne nous verrons certainement plus. Aussi, je dois vous remettre ceci.

Elle lui tendit une enveloppe en kraft de grand format.

— Vous devez la remettre au président Kennedy. Vous êtes le seul à pouvoir l'approcher.

— Qu'est-ce qu'il y a dedans ?

— Ne l'ouvrez sous aucun prétexte, les photographies qu'elle contient vous tueraient aussi sûrement qu'elles auront eu ma peau. Mais sachez que votre combat est juste. C'est bien Lyssenko qui a fait tuer votre fils, il était dans l'un des hélicoptères qui chassaient l'un des nôtres.

— Qu'allez-vous devenir ? s'inquiéta Bagdassarov.

— Je ne sais pas. Ce qui est certain, c'est que je ne pourrai plus vous aider. Ils sont à mes trousses et je mets désormais votre propre sécurité en jeu. Or vous représentez notre seul espoir de voir la vérité révélée. Il faut stopper ce projet insensé. Il faut que Kennedy voie ces clichés.

Elle passa sa main dans ses cheveux et libéra la base de son cou qui offrit au regard de Bagdassarov une marque rectangulaire noire remplie de chiffres.

— C'est notre marque à La Ferme, n'oubliez pas : c'est le seul moyen de nous reconnaître.

Un frisson traversa le corps de Bagdassarov.

— Je ne connais même pas votre prénom.

— Nous n'en portons pas et c'est mieux ainsi, murmura-t-elle en s'éloignant.

Elle disparut rapidement, laissant Bagdassarov avec son enveloppe, avec ses interrogations concernant celle qui lui avait apporté tant de réponses depuis des mois. Il aurait voulu faire quelque chose pour elle, mais que pouvait-il face au drame de son existence ? Que pouvait-il d'autre que lui faire confiance une fois de plus et trouver un moyen pour transmettre les documents au président ?

Curieusement, l'enveloppe semblait peser plus lourd à mesure que les minutes s'écoulaient. Cette dernière prenait du poids alors que Bagdassarov mesurait les implications du meurtre de son fils. Il la rangea dans sa mallette en cuir noir comme pour l'oublier, glissa un dernier regard autour de lui, se demandant si tous ces livres avaient servi un jour à quelque chose. Puis il se dirigea vers la sortie, ses pensées le conduisant vers Petrone, Plutarque et Sextus Empiricus.

— Tout commence avec ce dernier, murmura-t-il en regardant une dernière fois derrière lui.

Dans le hall d'entrée, une des trois seules Bibles sur vélin de Gutenberg – qui datait de 1455 – lui tira sa révérence, enfermée dans sa cloche de verre blindée.

Ivan Arkadevitch Bagdassarov avait quitté son pays depuis presque quatre longues années, sans espoir d'y retourner un jour. Il n'avait jamais véritablement compris pourquoi le gouvernement – et surtout Khrouchtchev – ne l'avait pas tout bonnement éliminé ou tout du moins envoyé moisir dans un camp. Au lieu de cela on s'était contenté de l'exiler, lui laissant toute latitude pour enquêter sur la mort de son fils.

La découverte du continent américain avait constitué en premier lieu un choc, culturel, identitaire, et géographique. Bagdassarov avait dû se rendre à l'évidence, le monde occidental offrait bien des horizons, n'en déplaise aux plus grands théoriciens de la révolution. Le visage du capitalisme arborait quelques purulences, pourtant qu'y avait-il de commun entre ce qu'il devinait et ce qu'il avait toujours imaginé ?

Le monde était bel et bien bipolaire. D'un côté de l'océan, une société avait tenté de refuser l'Homme tel qu'il est, de l'autre on s'était accommodé de sa nature. Entre les deux, Bagdassarov avait donc tout le loisir de venger la mort de son fils.

Attaché culturel à l'ambassade soviétique de Washington, Bagdassarov était en charge de tout événement, tout spectacle, toute création ayant un lien avec l'URSS. Depuis quatre ans, il accueillait le Bolchoï, intervenait dans certains débats littéraires, aidait à la création de festivals et surtout, œuvrait clandestinement à sa quête de vérité.

C'était d'ailleurs au cours d'une émission

de radio portant sur la première œuvre d'un certain Alexandre Isaievitch Soljenitsyne qu'il avait fait la connaissance de celle qui allait demeurer pour lui une inconnue. Et qui pourtant n'eut de cesse de lui apporter des pièces et élémcnts essentiels. C'était elle qui avait pris contact avec lui à la fin du débat, *Le Cerf et la Putain du bagne* à la main. C'était un exemplaire dédicacé et annoté par l'auteur : Bagdassarov, impressionné, avait engagé la discussion avec elle et l'avait conclue autour d'un café à une heure tardive de la nuit. Ils n'avaient jamais parlé d'elle, tout du moins intimement, et s'attardaient essentiellement sur des comptes rendus de livres lus récemment ou bien sur des sujets plus généraux, toujours en prise avec le monde des livres.

Ils se rencontraient régulièrement chaque mois et toujours, elle lui apprenait un fait nouveau. Elle avait commencé par Lyssenko, qu'elle nommait « le boucher », insistant sur les expériences qu'il menait depuis des années. Puis elle en était venue à prétendre que certains Américains travaillaient main dans la main avec les Soviétiques sur certains projets et que la prétendue guerre froide n'était qu'une supercherie médiatique. Mais ce qui troublait par-dessus tout Bagdassarov, c'était qu'elle ne parlait jamais d'elle naturellement et se réfugiait trop souvent derrière « nous » ou « les miens ». Aujourd'hui encore, il ne comprenait toujours pas qui elle pouvait être et après ce qu'elle venait de lui annoncer, sans doute ne le saurait-il jamais.

Bagdassarov en était là de ses pensées lorsque le chauffeur du taxi qui le reconduisait à l'ambassade le ramena d'une voix rocailleuse à des préoccupations plus pragmatiques.

— Ça fera dix dollars !

Bagdassarov lui tendit deux billets de cinq.

— Ça fait rudement drôle de transporter un coco ! Je crois que c'est la première fois que je fais ça.

— Le simple fait de descendre devant l'ambassade soviétique ne fait pas de moi un communiste, mon cher monsieur, répondit Bagdassarov avec un fort accent, à un citoyen américain d'une cinquantaine d'années qui tenait le volant d'une Chevrolet quelconque de couleur brune, aux deux ailes rouillées.

— Ah ouais, ben alors, pourquoi vous êtes pas descendu ailleurs ? Faudrait pas nous prendre pour des débiles ! gueula-t-il tout en accélérant brusquement.

Bagdassarov le regarda s'éloigner à vive allure. Il avait souvent remarqué que les Américains pouvaient se révéler assez frustes, voire rustiques ; pourtant il ne parvenait pas à s'y habituer. Il avait beau se souvenir du sort réservé aux époux Rosenberg en 1953, ou bien de la campagne menée par McCarthy, il ne comprenait pas comment une nation tout entière avait pu gober toutes ces sornettes du Bolchevik enragé au couteau entre les dents.

Bah, après tout avons-nous des leçons à donner à ce sujet ? s'interrogea-t-il en haussant les épaules.

6 mai 1999

Manhattan, *Q-Base*

Cela faisait déjà deux bonnes heures que McNabe avait transmis les données. Et il devenait de plus en plus nerveux à mesure que le temps passait, s'asseyant, se relevant, traçant de larges cercles autour de la table, buvant café sur café. Une réponse, il attendait une simple réponse qui lui permettrait d'avancer, de sortir de cette pièce, d'oublier les regards de Am.

Deux agents de la sécurité l'avaient rejoint, avec pour mission de veiller sur Am et Howie jusqu'à la fin de l'enquête et de les conduire en lieu sûr ; désormais, ils tombaient tous les deux sous le coup du programme de protection des témoins. Les agents ne ressemblaient pas aux gorilles musculeux dont on farcissait les films d'action de seconde zone. Plutôt minces, de taille moyenne, habillés de costumes bon marché aux tons neutres, ils s'étaient présentés et avaient aussitôt pris la pose l'un devant l'entrée du *Q*, l'autre vers le bar à proximité du téléphone.

Am avait accroché à l'entrée une petite ardoise pareille à celle des écoliers, sur laquelle figurait un imposant « FERMÉ » tracé à la craie en lettres capitales. De nombreux clients, tentés de forcer le passage, avaient été raccompagnés aimablement par celui des deux gardes du corps qui répondait au nom de Peter. Am se demanda ce qu'il resterait de son établissement, une fois cette histoire terminée.

Sûr que pas mal de gens voudront plus mettre les pieds au Q, pensa-t-elle. *Et puis après tout...*

— On va attendre encore longtemps ? s'impatienta Howie.

— Oh, je vous signale que si l'on poireaute, c'est parce qu'une administration cravache pour vous trouver une piaule qui ne risque pas d'exploser trop rapidement ! Si vous avez une autre idée...

— Provoquez Janus, faites-le sortir de son terrier électronique, balança Howie qui semblait avoir repris du poil de la bête.

McNabe sourit.

— Bien sûr, suis-je stupide...

Howie ne le laissa pas terminer sa phrase et réattaqua, plus vif que jamais.

— Écoutez, sur le réseau tout file, tout va très vite. Avez-vous déjà fait des ricochets, McNabe ?

L'autre le regarda, étonné, tout en opinant du chef ; les deux agents écoutaient de toutes leurs oreilles un Howie dont le filet de voix s'était mué en torrent impétueux.

— Bien, alors jetons un galet bien plat ! Votre portable est connecté ? Passez-le-moi !

McNabe hésita un instant, puis fouilla dans la poche intérieure de son manteau pour en retirer son minuscule téléphone qu'il tendit à Howie. Ce dernier le saisit et au bout de quelques secondes, en avait maîtrisé le fonctionnement.

— Qu'est-ce que tu comptes faire, Howie ? s'inquiéta soudainement Am.

— Balancer un petit message à Janus et attendre sa réaction. Votre petite bête de technologie est suffisamment *blindée* pour ne pas être repérée par triangulation ?

— Aucun problème à ce niveau, garanti par le FBIS.

— Waouh, vous travaillez avec le *Foreign broadcast information service* ! hurla presque Howie, tout en tapotant sur les ridicules petites touches du cellulaire tri-bande de McNabe.

— Qu'est-ce que c'est, le FBIS ? questionna Am dont les yeux s'écarquillaient à mesure que Howie semblait retrouver ses réflexes d'avant son accident.

— Un organisme qui écoute les stations de radio et de télévision du monde entier et en fait, selon les cas, des extraits qu'il diffuse auprès du public américain. Ce sont les maîtres des ondes radio ! lui expliqua-t-il sur un ton didactique.

– Janus. La guerre peut-elle s'achever si je découvre ton visage ? Howie Bernstein.

» Voilà, le message est dans la boîte.

— Comment pouvez-vous être certain que Janus lira ce message ?

— Écoutez, McNabe, sur le Net j'ai une longueur d'avance pratique sur vous, et pourtant je n'arrive pas à la hauteur de Janus. Cette boîte aux lettres électronique sur laquelle j'ai déposé mon petit colis, est un lieu de passage obligé de Janus. C'est sur ce site fantôme qu'il a fait chacun de ses communiqués de presse depuis des années. Alors il ne devrait pas tarder à bouger, c'est moi qui vous le dis.

— Après tout, pourquoi pas ? Mais je vous préviens que si vous me prenez pour un con, je donne pas cher de votre peau !

McNabe récupéra son téléphone et le déposa au milieu d'une table, l'écran lumineux tourné vers le plafond. Maintenant chacun traînait dans son coin : seule Am avait décidé de s'activer et derrière le bar, elle rangeait, lavait et classait des verres aux formes multiples. Il régnait au *Q* une atmosphère inhabituelle, bien éloignée du tumulte qui s'emparait habituellement du lieu dès l'ouverture. Entre silence pesant et climat morne, ses seuls occupants se morfondaient, accrochés à l'éventualité d'une sonnerie de téléphone.

Cette dernière ne tarda pas et McNabe, plus prompt que Howie, s'empara du portable.

— McNabe, c'est Vitarelli. On n'a rien, mais alors ce qui s'appelle rien sur ce machin que tu nous as fait parvenir. Une de nos analystes a suggéré que cela pouvait être un livre ou un chapitre de livre : nous interrogeons l'ensemble des bibliothèques sur le sujet. Sinon, tu peux rapatrier tes deux zozos à l'adresse Gamma. Les lieux viennent de se libérer. Désolé pour l'attente, mais on doit faire face à un afflux de locataires depuis trois semaines. Ça pose de légers problèmes d'intendance mais pas d'inquiétude, les draps sont propres.

— OK ! De notre côté, Bernstein a suggéré de titiller un peu Janus via le réseau.

— Nom de Dieu, qu'est-ce qui vous prend, débarrassez le plancher immédiatement !

— Pas de panique, Vitarelli, on utilise mon portable et il est verrouillé par le FBIS.

— Dégagez les lieux, un point c'est tout. Je passerai vous voir dans vos nouveaux appartements. Ciao.

McNabe s'aperçut en raccrochant que de nombreuses questions étaient nées dans le regard de Howie. Il estima qu'il devait couper court et ne pas s'épancher.

— Si mademoiselle et vous-même possédez quelques affaires ici, il est temps de les rassembler. On change de boutique dans cinq minutes.

— Et où comptez-vous nous emmener ? demanda Howie.

— Vaut mieux pas que je vous l'apprenne trop tôt. Moins on en sait à ce niveau-là, et mieux on dort la nuit.

Le Chrysler Voyager piétina dans les embouteillages de midi. Les deux agents de la sécurité occupaient les places passager et conducteur, quant à Am, Howie et McNabe, ils trônaient dans le cuir des confortables fauteuils arrière. Les vitres teintées nimbaient d'un gris pâle la vue sur le monde extérieur, tandis que de dehors nul ne pouvait deviner les silhouettes qui roulaient en pareil véhicule. Le monospace aux couleurs sombres, carrosserie noire et jantes aluminium, tentait de traverser Broadway de part en part, tâche rendue ardue par une circulation beaucoup trop dense. Klaxon, feux rouges et coups de freins intempestifs rythmaient le parcours et ce, jusqu'à retrouver la fluidité relative de South Street Viaduct. Mais l'instant que McNabe attendait fébrilement était la traversée du pont de Brooklyn, dont il sentait l'approche imminente.

— N'est-ce pas un instant merveilleux que celui où l'on a la chance de franchir pareil édifice ! clama-t-il alors qu'ils amorçaient la traversée.

Les autres le considérèrent sans lui répondre. Ils devaient juger qu'il n'y avait pas matière à tant de bruit et se contentèrent de jeter un coup d'œil dégoûté au flux grisâtre de l'East River qui achevait sa course à cet endroit pour se confondre avec les eaux de la baie.

Le pont derrière eux, McNabe entama un petit exposé qui le transforma pendant quinze bonnes minutes en guide touristique. La caserne de pompiers d'Old Fulton Street en contrebas, le petit village de Brooklyn descendant direct du « breukelen », cette terre coupée des colons hollandais débarqués en 1636, le bureau de poste aussi imposant qu'une forteresse, enfin les ruelles qui avaient hébergé Thomas Wolfe, Norman Mailer, Truman Capote, Carson McCullers.

Le Chrysler se rangea sur un des trottoirs

de Myrtle Avenue, devant une maison en brique aux allures de squat malfamé.

— Tout le monde descend, nous sommes arrivés ! hurla McNabe.

— C'est quoi ce cloaque infâme ? Vous recherchiez un couple de rats pour repeupler l'endroit ? plaisanta Howie.

— Moi, je trouve ça plutôt sympathique et puis j'ai toujours rêvé d'emménager à Brooklyn Heights. Je me souviens y être venue une fois avec ce salopard de Ricardo. On était allés manger dans un restaurant sur Atlantic Avenue, le *Jack's Deli*. Il avait des affaires à régler et moi j'ai pratiquement passé la soirée toute seule. C'était délicieux !

Après avoir bravé passages obscurs et cages d'escalier sinistres à la peinture écaillée, ils déboulèrent dans un quatre pièces en enfilade un peu miteux. Howie grimaça tandis que Am, sans perdre une minute, entamait une visite des lieux.

— Avant, on avait une adresse le long de Gowanus Canal, un no man's land peuplé de chiens errants cadavériques et croyez-moi, en rapport, ici c'est un quatre étoiles, expliqua McNabe tout en s'assurant que le frigo avait été chargé en canettes de bières.

L'unique fenêtre de ce qui avait vocation à servir de salon donnait sur Myrtle Avenue, tandis qu'à l'autre bout, dans la chambre, la vue s'éteignait sur une cour minable au milieu de laquelle résistait encore un peuplier maigrelet.

— Au moins on a la télévision, constata

Howie en triturant l'antenne intérieure d'un antique poste certainement noir et blanc.

— Il faut bien vous mettre dans la tête que cet appartement constitue un refuge. Si vous respectez les règles du jeu, c'est même le seul endroit aux États-Unis où personne ne viendra vous chercher des poux. Ça veut dire pas de sortie, pas de coup de téléphone, et beaucoup de patience... Je vous laisse cette enveloppe. En cas de pépin, les trois mille dollars qu'elle contient vous seront d'une grande utilité.

La sonnerie électronique du portable de McNabe vint interrompre ce dernier.

— `Vous avez un message`, indiquait son écran LCD.

McNabe le consulta tout en s'asseyant dans un canapé au cuir élimé qui grinça dangereusement sous son poids pourtant correct.

— `Je veux communiquer avec Howie Bernstein ! Je veux communiquer avec Howie Bernstein !` répétait le mail en une succession de lignes ininterrompues.

— Merde, comment a-t-il pu retrouver notre trace ? Le numéro de mon portable est verrouillé. C'est impossible !

— Janus ? questionna Howie qui se tenait toujours près du poste de télévision, en train de triturer les boutons.

— Je crois que oui. Ce qui m'inquiète, c'est qu'il nous ait retrouvés et qu'il ne veuille communiquer qu'avec vous.

— C'était le but de la manœuvre. Vous croyez vraiment que vos petits bricolages à la NSA font peur à quelqu'un comme lui ? Janus est certainement et de loin le plus grand cerveau en matière de piratage électronique. Allons, vous ne lisez pas la presse, McNabe ? ironisa Howie. Passez-moi votre téléphone !

— Hors de question, je ne lui donnerais aucune chance supplémentaire de nous localiser.

— McNabe, passez-moi ce téléphone. Vos services pataugent et Janus représente notre dernière chance de nous désembourber. Quant aux risques, si nous n'agissons pas ils augmenteront de façon exponentielle !

Le téléphone resta un instant en équilibre dans la paume de McNabe, comme s'il voulait soupeser le pour et le contre d'une situation qui ne souffrirait aucun manque de réaction. Il savait qu'il lui fallait prendre une décision, cela devenait plus qu'urgent.

— Tenez, Bernstein, mais au moindre truc suspect, je reprends les commandes et il n'y aura plus de place pour vos fantaisies.

De ses gros doigts, Howie tenta de frapper le plus vite possible sur le clavier. Il trouvait très déstabilisant d'avoir à utiliser un clavier dix fois plus petit que celui de n'importe quel ordinateur.

— Bonjour Janus. Comment nous avez-vous localisés ?

— Pas trop difficile de repérer un cellulaire de la NSA lorsque l'on a accès à leur code via leur ordinateur central. Avez-vous réussi à me trouver ?

— Non, pas encore. Mais expliquez-moi pourquoi vous m'avez choisi, moi, plutôt qu'un autre.

— C'est vous qui vous êtes désigné. Vous sembliez tellement intrigué. Depuis des mois vous cherchez à vous documenter sur mes agissements, laissant mille questions sur de multiples sites, traquant la moindre de mes déclarations *on line*. Il en fallait un, ce sera vous. Pour d'autres raisons encore...

— Je ne suis pas le seul à vouloir obtenir des informations sur vous.

— Vous souvenez-vous de cette question posée lors d'un forum sur le respect de la vie privée du citoyen ? Il y a six mois de cela. Permettez-moi de vous citer : « Jusqu'où les puissances qui nous gouvernent oseront-elles nous mener ? N'y a-t-il personne pour se dresser contre autant de cynisme ? »

— Êtes-vous responsable de la mort de Nemo ?

— Je ne suis responsable d'aucune mort récente, d'aucune explosion. Je juge, mais ne condamne pas. Quelqu'un jadis perdit ce qu'il avait de plus cher au monde, c'est pourquoi je suis là. Je suis un écho, rien de plus.

La sonnerie d'un téléphone fixe interrompit le silence quasi religieux qui s'était installé depuis que Howie communiquait avec Janus. McNabe se précipita pour décrocher, s'empêtrant les pieds dans un vieux tapis aux motifs contemporains.

— McNabe à l'appareil !

— Vitarelli. Nous venons d'intercepter et de traduire une communication de Janus émanant de votre portable, McNabe. Putain, pouvez-vous m'expliquer ce que c'est que ce bordel ?

— Eh bien...

— Le youpin est en train de causer dans le poste avec Janus et vous vous branlez en le regardant ou quoi ! À tout hasard, je vous informe qu'on a localisé le lieu d'émission. Ce fumier se trouve à Washington. J'ai informé la CIA, elle envoie une équipe sur le terrain. Je passe vous prendre et on file les rejoindre. Quant aux zigotos qu'on les surveille d'un peu plus près. Ciao.

Howie fit signe que la conversation avec Janus s'était interrompue. McNabe lui expliqua que ce n'était pas grave. Que le SIGINT avait certainement circonscrit la zone d'émission de Janus via un de ses satellites, et qu'il allait procéder à son arrestation sous peu.

— Attendez, McNabe. Y a quelque chose qui cloche. Je ne pense pas que Janus soit responsable de l'explosion de mon appartement, ni du meurtre de Nemo. Son discours ne ressemble pas à celui d'un assassin, ses phrases sont curieuses. Elles expriment... je ne sais pas, quelque chose de froid. Je ne pourrais véritablement expliquer.

McNabe n'écoutait déjà plus.

— On n'a plus le temps, Howie. De toute façon, coupable ou pas, l'arrestation de Janus ne peut pas nous nuire. La CIA doit déjà s'en occuper à l'heure qu'il est, et moi je pars avec Vitarelli pour faire les poubelles.

[illegible] de votre part, sur vous. [illegible] pouvez-vous m'expliquer ce que c'est que ce bordel ?
— Eh bien...
— Il y [illegible] en train de [illegible] dans la porte avec [illegible] vers vous [illegible] en le regardant [illegible]. À tout moment, je vous [illegible] qu'[illegible] le [illegible] et [illegible] avec [illegible]. [illegible] une [illegible] sur [illegible] passe [illegible] quelque [illegible] que les [illegible] plus près. Crac.

[illegible] que la conversation avec [illegible] s'était interrompue, Mulvane [illegible] que le [illegible] aussi [illegible] de [illegible] et qu'il [illegible].
— [illegible], Mr. [illegible]. Y a quelque chose qui cloche. Je ne pense pas que vous soyez responsable de l'explosion de mon appartement [illegible] de [illegible] mon [illegible] ne me semble pas [illegible] d'un [illegible], ces [illegible] sont [illegible] pas [illegible] je [illegible] expliquer.
[illegible] déjà plus [illegible].
[illegible] le temps. [illegible] coupable ou pas, l'arrestation de [illegible] les [illegible] mais [illegible] CIA [illegible] qu'il [illegible] avec [illegible] pour [illegible] les [illegible].
I

6 mai 1999, 17 heures

Périphérie de Washington D.C.

Une douzaine d'hommes appartenant à un corps d'élite de la CIA s'étaient déployés tout autour d'un hangar situé sur les rives du Potomac, à quelques kilomètres à peine du centre-ville. Le bâtiment s'intégrait dans un décor de friches industrielles qui bordaient le fleuve au sud de Long Bridge. Dévorées par la rouille, les tôles commençaient par endroits à se détacher, et de grands containers parsemaient le périmètre clos par un grillage lui aussi passablement oxydé. Aucune fenêtre ne perçait ce rectangle et la petite troupe cherchait désespérément un point d'ouverture par lequel ils pourraient enfin intervenir et passer à l'action.

L'un d'entre eux qui scrutait le site à l'aide de puissantes jumelles détecta ce qui ressemblait à une porte, à moitié cachée derrière un monceau d'immondices, vraisemblablement arrachées par des chiens errants à leur sac-poubelle d'origine. Il donna le signal de l'assaut.

Après avoir forcé sans mal les deux volets roulants en piteux état, une bonne moitié de l'équipe s'engouffra dans le hangar. Leur progression, rendue malaisée par des débris de toutes sortes, les conduisit dans le hall principal. Un gigantesque volume s'offrait à eux, sur toute la hauteur du bâtiment et occupant les deux tiers de sa surface. La lumière du jour pointait par quelques interstices, la pénombre qui y régnait laissant deviner un espace presque entièrement vidé de son contenu.

— On cherche quoi au juste ? entendit-on murmurer dans le micro qui reliait chaque homme entre eux.

— Un taré qui envoie des messages sur Internet. Les gars de la NSA prétendent qu'il opère à partir d'ici, répondit une voix un peu plus lointaine.

— Mais bordel, y a rien ici ! s'exclama une autre voix.

Aucun des hommes qui évoluaient sur le terrain ne s'identifiait. Cela faisait partie des règles de cette unité spécialisée. De cette façon, ils protégeaient leur anonymat et ne permettaient à aucun ennemi potentiel de les dénombrer.

— Attends un peu. Là dans le coin, nord-ouest. Vous voyez...

— Non rien.

— Mais si, une table avec un micro-ordinateur portable.

Les six gaillards qui s'étaient aventurés dans cette galère, s'approchèrent de ce que l'un des leurs avait repéré. Ils ne purent que constater qu'il avait raison. Sur une table poussiéreuse, se trouvait – non moins poussiéreux – un ordinateur portable replié sur lui-même. Un câble d'alimentation raccordé à ce dernier courait jusqu'à une prise dans le mur proche tandis qu'un autre fil beaucoup plus fin rejoignait une sortie téléphonique.

— À défaut de trouver le propriétaire, on aura au moins découvert son outil de travail.

— Ouais, enfin ce n'est pas le dernier cri en matière informatique. Ce truc-là a bien, à vue de nez, une douzaine d'années. Notre pirate ne recherche pas la performance, je vous le dis.

Celui qui venait de porter un jugement sur le matériel qui trônait entre poussière et toile d'araignée chercha à déplier l'ordinateur afin d'accéder au clavier et à l'écran.

— C'est pas possible ! Personne n'a travaillé sur ce micro depuis des lustres. Il est seulement en veille, mais regardez la date des licences du logiciel de traitement de texte : 1981. Pour l'accès au réseau, c'est pas simple, j'ai jamais vu un protocole pareil.

— Bon les gars, on démonte le matos et on sort d'ici. Les flics de la ville finiront de ratisser le terrain, coupa court une voix que l'on pouvait identifier sans mal comme émanant du chef des opérations.

Aucun des hommes dans le hangar, pourtant surentraînés et rompus aux techniques de guerre, ne prit la précaution de vérifier le câble qu'il venait de débrancher. Ce dernier, qui alimentait certes en électricité l'ordinateur, était couplé à un petit boîtier situé juste derrière le bus de raccordement du portable. Lorsque le passage du courant se trouva interrompu, un signal radio fut immédiatement émis par le cube en plastique qui illumina par la même occasion une led de couleur verte. Lorsque le premier agent de la CIA aperçut la lueur, il était déjà trop tard et le capitaine de l'équipe essuya de son poste d'observation le souffle d'une gigantesque explosion.

Le fer se dilata avant d'éclater dans un horrible, un effroyable craquement, les morceaux de tôles furent projetés avec une extrême violence à des dizaines de mètres. La langue râpeuse et brûlante de la déflagration vint lécher le visage des quelques sentinelles demeurées à l'extérieur qui assistèrent, impuissantes, à la mort des leurs, vraisemblablement volatilisés à la première seconde.

Un nuage de poussière s'abattit dans les minutes qui suivirent sur la zone, recouvrant d'une fine pellicule grise les décombres, la terre, les visages abattus. Tous contemplaient les ruines desquelles ne s'échapperaient plus désormais que flammes et fumée. Un incendie s'était déclaré, mais il ne restait guère de matière à consumer ; aussi ne prit-il pas des proportions en rapport avec la brutalité inouïe de l'explosion.

Quant aux eaux du Potomac, elles semblaient avoir compris toute l'étendue de la tragédie : changeantes, elles avaient revêtu tour à tour des nuances orangées, des tons pourpres pour enfin s'immobiliser dans une gamme de couleurs profondes, presque noires. Le fleuve prenait ainsi les atours morbides d'un Styx, prêt à envelopper de sa masse liquide les contours de feu du hangar. Tandis qu'au loin, les sirènes hurlaient déjà.

15 octobre 1962

Washington D.C., Maison Blanche, bureau ovale du président

Kennedy se tenait assis à son bureau, entièrement absorbé par les clichés qu'il avait éparpillés de façon à mieux visualiser chacun d'eux. Ces photographies avaient été prises par une caméra Hycon modèle 73C, embarquée sur un U2, qui pouvait enregistrer des détails au sol de 30 centimètres à 24 000 mètres d'altitude. La National Security Agency lui avait transmis le dossier il y avait à peine quelques minutes et le président l'avait étudié en attendant son état-major convoqué sur-le-champ.

Le premier à débouler dans le bureau fut son frère, Robert, qui tenait une conférence de presse au Congrès. Il franchit le seuil encore essoufflé.

— Tu te négliges, Bob, il faut entretenir la forme physique entre deux cocktails.

— Tu peux m'expliquer pourquoi tu m'envoies chercher en plein milieu d'un rassemblement de gratte-papier. July Andrews, du *Post*, va m'allumer demain matin ! J'imagine déjà son entrée en matière : « Bobby rappelé à l'ordre par son grand frère, en pleine explication sur le budget de l'État. »

John esquissa un léger sourire puis avança vers Bob, les photos à la main.

— J'ai deux ou trois petites choses à te montrer et je préférais le faire avant l'arrivée des galonnés, tu comprends ?

— J'espère que ça en vaut la peine, Betty Page à poil ou un truc dans le genre !

John sembla ne pas apprécier la plaisanterie et repartit d'un ton sec :

— Regarde toi-même.

Il tendit à son frère les clichés qu'il avait préalablement étudiés. Le visage de Bob se décomposa rapidement, à mesure qu'il interprétait ce qui s'offrait à lui.

— Putain de merde, tu es sûr de ces informations, John ?

— Aucun doute n'est permis. Ces photographies aériennes datent du 14 octobre et ont été prises à Cuba près de La Havane. On voit très bien les bombardiers soviétiques, j'en ai compté une vingtaine...

— Vingt et un ! Putain, Khrouchtchev peut pas nous faire ça. Il a été formel à Vienne, tu me l'as affirmé : pas d'escalade dans le domaine de l'armement nucléaire. Vous vous étiez entendus pour mener à bien une coexistence pacifique. À quoi il joue ?

— Je n'en sais rien, mais ce qui est le plus troublant, c'est qu'il y a quelques mois déjà, un certain Bagdassarov s'est débrouillé pour me remettre une enveloppe. Dans cette dernière se trouvaient deux photographies du même type, shootées depuis un de nos avions

U2. L'une indiquait clairement l'emplacement de rampes de lancement de missiles SS-4 sur les terres cubaines, l'autre confirmait la présence potentielle d'un important site stratégique nucléaire près de Sverdlovsk, à 1000 kilomètres environ à l'est de Moscou, dans l'Oural.

— Et pourquoi n'avoir rien dit sur le moment ?

— J'ai confié ces clichés à Hoover : Dulles venait de foirer son débarquement à la Baie des cochons. Au bout d'une semaine, le vieux s'est contenté de m'exposer, en présence d'une batterie d'analystes du Bureau, que ces photographies n'étaient que des trucages d'excellente facture certes, mais des faux tout de même. Les documents ne semblaient pas l'intéresser outre mesure, il considérait qu'ils faisaient certainement partie d'une opération d'intoxication. En revanche, il a porté le plus grand intérêt à l'identité de celui qui me les avait fournis.

— Qui était ce Bagdassarov ?

— L'attaché culturel de l'ambassade soviétique. Il semblait tenir plus que tout à ce que je prenne connaissance du contenu de cette enveloppe. Sur le moment, il m'a fait l'impression d'un homme sincère et honnête. Il a même ajouté une fois sa mission remplie, qu'il en allait certainement de l'avenir de l'humanité.

— Tu aurais dû refuser ce pli pour plusieurs raisons, as-tu pensé à ta sécurité ? Penses-tu d'ailleurs seulement une fois, chaque jour que Dieu fait, à ta sécurité ?

— J'étais à une petite sauterie organisée au nom de je ne sais plus quoi, entre deux verres de champagne ce Bagdassarov me coince. En quelques seconde il me glisse l'enveloppe ainsi que quelques mots et disparaît. Allons, Bob, je ne finirai pas comme Lincoln !

Bob n'arrêtait pas de regarder les photographies que son frère lui avait données. Il avait un mauvais pressentiment, mais se sentait incapable d'exprimer pourquoi. Aussi se contenta-t-il de lancer un juron.

— Chiottes !

— Comme tu dis, d'autant que désormais la même information resurgit et se trouve validée par la NSA.

— Tu crois que le vieux a cherché à te court-circuiter ?

— Je ne sais que te dire, si ce n'est que le FBI en prend un peu trop à son aise à mon goût. Et ce n'est pas la CIA qui va contrebalancer son pouvoir.

— Il faudra bien un jour s'atteler à cette tâche.

— J'y pense, j'y pense, mais je dois jouer sur plusieurs tableaux à la fois. Le vieux a institué un État dans l'État, il contrôle à tous les niveaux : Pentagone, industrie militaire, CIA. On marche sur des œufs.

— Enfin, tu as l'opinion dans ta poche ! Dénonce immédiatement la mainmise du Bureau sur les affaires de la Nation et tout le monde te suivra, même les conservateurs qui mouillent leur culotte à la seule idée que le vieux possède une fiche sur eux.

Le président s'approcha le plus près possible de son frère et lui murmura à l'oreille.

— Écoute. Je veux que tu entres en contact avec ce Bagdassarov et que tu obtiennes des informations concernant la façon dont il s'est procuré les photos qu'il m'a remises. De mon côté, je dois gérer cette crise au plus vite. Quand l'information transpirera que des têtes nucléaires sont pointées sur les États-Unis depuis Cuba, ce sera l'hystérie, tu peux me croire.

— As-tu conservé les documents que t'a remis Bagdassarov ?

— Non, le vieux les a certainement archivés. Mais ne perds pas de temps, file !

Il donna une tape fraternelle sur l'épaule de Bob et s'en retourna à son bureau. Avant de s'asseoir, il considéra le minibar au-dessous de cette tapisserie du XVIIIe siècle qu'il détestait par-dessus tout. Peut-être aurait-il dû ouvrir une de ces fameuses bouteilles de bourbon qu'on lui avait offertes dans le Tennessee, il y avait de cela un an ? Peut-être était-ce l'occasion de boire un peu d'alcool avant d'affronter le monde ?

— Trouve le [illegible] que tu as eu en contact avec ce [illegible] et que tu obtiennes des informations concernant la façon dont il s'est procuré les photos qu'il m'a envoyées. En attendant, je dois revoir cette crise au plus vite. Quand l'information transpirera que des [illegible] nous [illegible] [illegible] [illegible] l'[illegible] [illegible] je peux me [illegible].

6 mai 1999, 23 heures

Ancien hangar de stockage de Ancient Book, Washington D.C.

Vitarelli et McNabe venaient d'arriver sur les lieux de l'explosion. Quelques pompiers s'affairaient encore sur le site, histoire de prévenir une éventuelle reprise de l'incendie. Sinon personne ne semblait attendre les agents de la NSA pour leur souhaiter la bienvenue. McNabe, que l'avion effrayait, affichait des traits fatigués et une expression aussi pâle que celle d'un cadavre. Sa seule envie du moment était de gerber et n'avait d'égale que celle d'uriner. Quant à Vitarelli, il paraissait tout excité. La nouvelle ne leur était parvenue qu'à leur descente d'avion et tout de suite, ce dernier s'était senti sur le pied de guerre, mobilisant ses troupes, réclamant le maximum d'informations, hurlant aux renforts. Vitarelli ne vivait véritablement que pour ces moments-là. McNabe avait toujours été impressionné par la force du bonhomme. Il n'avait pas de femme, pas d'enfant, même pas un chien, et se donnait tout entier à son métier sans jamais se plaindre sérieusement, sans jamais rechigner.

— Allez vous dégorger le poireau, McNabe. Ça ira mieux la vessie délestée !

McNabe ne se fit pas prier deux fois et s'exécuta promptement. Il manqua de déraper en arrivant à toute allure sur les berges du Potomac, se coinça les doigts dans sa braguette en métal puis se mit à énoncer un chapelet d'insanités. Les étoiles dans le ciel dégagé semblèrent s'amuser de la situation. C'est rasséréné ou presque – il ne pouvait s'empêcher de penser à tous ces hommes carbonisés – qu'il rejoignit Vitarelli qui discutait ferme avec l'un des pompiers et un Afro-américain mesurant au bas mot deux mètres.

— McNabe, voici Defontaines qui m'exposait à quelle situation cocasse il se trouve confronté. Ainsi que l'inspecteur Anderson, responsable de l'enquête.

Le jeune pompier tendit la main à McNabe tout sourires dans un « Enchanté de faire votre connaissance » relativement sincère. Quant au géant, c'est à peine s'il esquissa un mouvement de lèvres, se figeant dans une pose raide et distante.

— Defontaines m'expliquait à l'instant que ses supérieurs lui ont ordonné, ainsi qu'à un de ses collègues, de surveiller l'endroit toute la nuit. Alors que tout risque était écarté, il se retrouve donc forcé de faire le pied de grue. Surprenant, non ?

— D'autant que le souffle de l'explosion s'est révélé si puissant qu'il a empêché l'embrasement, ajouta timidement le jeune Defontaines.

— La sécurité est à ce prix, lança d'une voix grave l'inspecteur Anderson, sortant subitement de sa réserve. Il vaut mieux parfois prévenir que guérir.

— Certes, certes, mais il est tout de même curieux qu'aucun analyste n'ait été convoqué et qu'on ait simplement ordonné à deux jeunes pompiers de jouer les bergers allemands. Ne trouvez-vous pas, inspecteur ?

Anderson dévisagea Vitarelli comme s'il venait de lui montrer son sexe. Quant au pompier Defontaines, il s'excusa, demanda si l'on avait encore besoin de lui et rejoignit son collègue qui roupillait dans un camion en bord de route. Vitarelli s'approcha des décombres comme pour en humer l'odeur.

— Je vois pas très bien ce que viennent faire deux agents de la NSA dans cette histoire. Ça ne me plaît pas des masses, d'autant qu'avec déjà six morts sur les bras, tous en provenance directe de l'Intelligence, j'ai déjà de quoi faire.

— Vitarelli, vous trouvez pas curieux qu'aucun ponte de la CIA ne se préoccupe plus que ça du sort de six des leurs ? En temps normal, ce genre d'histoire rameute la moitié de leurs effectifs en quelques heures. Et là, que dalle, rien, deux pompiers et un figurant !

— Eh gentil blanc-bec, tu sais ce qu'il te dit, le figurant ?

Anderson offrit à la face de McNabe un majeur du plus bel effet. Vitarelli chercha aussitôt à détourner la conversation, histoire de calmer le jeu.

— Vous connaissez le propriétaire de ce tas

de tôles ? lança-t-il à l'adresse d'Anderson, qui regardait méchamment McNabe.

— À une entreprise qui a fait faillite depuis près de dix ans. *Ancient Book*, ou quelque chose comme ça. D'après ce que je sais, elle appartenait à Walter Zap, émigré letton spécialiste en vieux papiers et bouquins rares. Il tenait une librairie près de l'ancienne ambassade russe. Et je crois que la boutique est encore en activité.

— Plutôt efficace, le figurant, murmura Vitarelli tout en fixant McNabe.

— J'essaie de faire mon métier, c'est tout. D'autant qu'apparemment les six victimes de cette fin d'après-midi n'intéressent pas grand monde. Quand nous sommes arrivés sur les lieux, alertés par un 911, trois cadavres avaient déjà été transportés par hélicoptère et des types de l'Intelligence nous ont expliqué qu'ils assuraient l'évacuation de leurs hommes. En gros, on avait rien à foutre là. Par acquit de conscience, on a attendu patiemment notre tour et il y a une heure seulement qu'on nous a autorisés à bosser.

Anderson parlait avec un accent assez rude et à une cadence soutenue : Vitarelli devait constamment maintenir ses sens en éveil pour capter puis interpréter tout ce que l'inspecteur débitait. McNabe, en retrait, regrettait le mauvais esprit dont il avait fait preuve, et n'attendait que son tour pour se rattraper.

— Aucun des hommes de la CIA ne vous a fourni d'éléments ? s'inquiéta soudain Vitarelli, qui commençait à sentir le coup foireux.

— Oh, si. Opération de routine, nombre

d'hommes à terre, explosion vraisemblablement due à une citerne de fuel mal dégazée, enfin le blé qu'on donne à moudre...

— Aux truffes de base, termina Vitarelli. Mais pourquoi êtes-vous resté là ?

— On ne se refait pas, plus on me dit de ne pas fourrer mon nez dans des affaires qui ne me concernent pas et plus j'ai envie de m'y colleter. C'est ma nature ! rigola Anderson.

— Mais vous avez bien un avis sur la question, émit McNabe, de retour sur la scène.

— Un avis ? Ah ça oui, on peut dire que j'en ai un, d'avis ! Et pas une merde de couverture, non, un vrai avis pur jus de cervelle d'Anderson. Je vois pas ce qu'une unité d'élite pouvait foutre là-dedans. Je comprends pas non plus pourquoi deux gars de la NSA me tartinent de beurre salé à presque minuit. En revanche, si vous voulez vraiment mon avis, on a assisté ce soir à une double opération de nettoyage. D'abord on lessive les intrus, ensuite on essore le décès des intrus. Voilà ! Et sur ce, amusez-vous bien parce que moi, je me casse !

Vitarelli et McNabe regardèrent l'inspecteur Anderson s'en aller, dépasser le camion de Defontaines puis s'engouffrer dans une voiture de service banalisée, qui cracha son monoxyde de carbone dès le premier tour de clé. La lune était ronde, et dans sa lueur les décombres du hangar formaient çà et là des totems aux formes grotesques. Le fond de l'air s'était rafraîchi et les deux agents de la NSA décidèrent de regagner eux aussi leur véhicule, une Chevrolet qu'ils avaient louée à l'aéroport.

— Nous reste plus qu'à trouver un motel, à défaut d'avoir coincé Janus.

McNabe prononça ces mots avec dépit. Ils étaient passés à deux doigts de la réussite : acculer le plus grand criminel électronique de tous les temps dans son repaire et le coffrer. Au lieu de ça, ils se retrouvaient dans l'incertitude la plus totale. Qui pouvait dire à l'heure qu'il était si Janus était mort, s'il avait réchappé de ce carnage, ou bien s'il n'avait tout simplement jamais été là ? Les cartes étaient tombées, une nouvelle donne commençait.

7 mai 1999

Washington D.C.

McNabe et Vitarelli avaient trouvé ce qu'ils cherchaient assez rapidement : un motel possédant deux chambres libres abritant une douche et le câble. Pas trop minable, le *Navy Yard Hotel* baignait pour partie sur la rivière Anacostia et se répartissait en plusieurs petits bungalows préfabriqués au style impersonnel. Le silence n'y était pas de mise : le pendant urbain de l'établissement donnait sur une artère principale qui déversait son lot de camions en un flot nocturne ininterrompu.

Vitarelli s'affala tout habillé dans son King Size et se goinfra un film porno pendant une bonne demi-heure. Quant à McNabe, épuisé, c'est à peine s'il réussit à trouver la force de rejoindre son lit.

Vers 6 heures du matin, Vitarelli fut réveillé en fanfare par la sonnerie en forme de chevauchée des Walkyries de son portable. Il manqua d'ailleurs de projeter ce dernier contre l'un des murs de sa chambre, recouvert d'une tapisserie couleur fuchsia.

— Allô ! Vitarelli ?

— Ouais, grogna-t-il en s'étirant et en bâillant bruyamment.

— Scotty, de la 22. On a trouvé quelques éléments concernant les deux mots que vous nous avez transmis. Je vous fais parvenir un mail détaillé.

Vitarelli se redressa et se retrouva en position assise sur le bord gauche du lit.

— Faites-moi une synthèse, Scotty, pas le temps d'attendre !

— Mais, enfin, je ne peux passer outre au protocole de sécurité surtout depuis que Janus a réussi à décrypter le code du cellulaire de McNabe...

— Putain, je me contrefous du protocole et des merdeux binoclards qui l'ont inventé. Scotty, je veux cette synthèse par oral et tout de suite. Compris ?

À l'autre bout, l'interlocuteur de Vitarelli marqua un silence.

— Compris, compris. Alors voilà, on coinçait sur votre *Principes Moralis*. Bien sûr, on avait tout de suite opté pour le latin mais ça clochait, problème de grammaire, de syntaxe...

— Abrégez ! s'impatienta McNabe, que des fourmillements dans les pieds commençaient à agacer très sérieusement.

— OK, OK. Une mathématicienne du service a formulé l'hypothèse du livre, ou du corps d'ouvrage. Et ce fut le déclic, tout le monde a foncé dans cette direction. Déception, aucune base de données, aucune bibliothèque, aucun index ne mentionnait ni même ne stipulait un quelconque *Principes Moralis*.

— Alors ça n'a pas énormément avancé

depuis que j'ai quitté New York ! constata ironiquement Vitarelli.

Après avoir enlevé ses chaussettes, avec lesquelles il avait dormi, il entreprit de se gratter énergiquement entre les orteils.

— Oui et non. Enfin, il y a quelques heures nous avons enfin trouvé une trace. Vous avez déjà entendu parler de Sextus Empiricus ?

— Je n'ai malheureusement pas fait mes humanités, mais vous allez certainement m'éclairer.

— C'était un philosophe, médecin et astronome grec qui serait né entre le IIe et le IIIe siècle. En philosophie, ses œuvres demeurent la source la plus importante concernant le stoïcisme et le scepticisme antique. On lui doit l'*Adversus Mathematicos*, œuvre dans laquelle il combat et argumente contre le dogmatisme des savants.

— Et c'est donc à lui que nous devons ce fameux *Principes Moralis*, souffla Vitarelli en réajustant ses chaussettes, le téléphone coincé entre le menton et l'épaule.

— Le problème c'est que Sextus Empiricus n'a jamais écrit ce livre. Ce dernier n'existe pas. Il s'agit d'un mythe littéraire, un peu à la façon du second tome de *La Poétique* d'Aristote, en quelque sorte.

— J'avoue que je ne vous suis plus très bien, Scotty.

— Le conservateur de la Bibliothèque de France a consacré un article sur le sujet en 1998. C'est d'ailleurs grâce à la mention qu'il y a faite du *Principes Moralis* que nous avons pu mettre la main dessus. Il y affirme que ce livre a bénéficié d'une aura toute particulière : longtemps, on a cru qu'il avait disparu dans les cendres de la bibliothèque d'Alexandrie. Alors qu'en fait c'est une chimère, un opus demeuré pour l'éternité une simple spéculation de l'esprit.

Les neurones de Vitarelli étaient depuis longtemps dépassés par les événements. Il tenta dans un dernier effort de rassembler en une synthèse cohérente les différents éléments qu'on venait de jeter en pâture à son intellect.

— Si je comprends bien, Janus nous demande de chercher la page 128 d'un bouquin qui n'existe pas ! C'est bien ça ?

— Affirmatif.

— Scotty, continuez à gamberger, de mon côté je vais tenter de réfléchir un minimum.

Vitarelli courut réveiller McNabe qui dormait du sommeil du juste, si profondément d'ailleurs que son supérieur dut quasiment défoncer la porte de sa chambre pour parvenir à se faire entendre. Des explications confuses de Vitarelli, McNabe ne retint que l'essentiel : ils couraient après un livre fantôme. Tous les deux se retrouvèrent effondrés sur le matelas d'eau de McNabe. En silence, chaque cerveau tenta de trouver une échappatoire à une situation qui apparaissait irrémédiablement et à tous les points de vue sans issue aucune. Soudain, à force de suivre les lézardes qui couraient au plafond, McNabe s'écria, dans un éclair de lucidité retrouvée :

— Le blackos de la police locale, j'ai rêvé

ou il nous a expliqué que le hangar en fumée appartenait à un marchand de livres anciens ?

— Un type qui possédait une librairie près d'une ambassade...

Vitarelli était déjà à son portable alors que McNabe enfilait sa chemise et son pantalon.

Guidés par leur antenne à Washington, les deux agents de la NSA n'eurent aucun mal à localiser la boutique évoquée par l'inspecteur Anderson. La librairie en question arborait une façade en piteux état sur Pennsylvania Avenue, dans l'axe du Capitole et sur le même trottoir que le siège du FBI. La vitrine poussiéreuse offrait à la vue quelques volumes juchés sur des présentoirs. Les stores en bois étaient tirés mais les lames relevées laissaient la lumière pénétrer très avant dans le magasin. En lettres adhésives blanches et typographie raffinée, on pouvait lire l'enseigne :

ZAP Expertise — Livres anciens & vieux papiers.

— Ça semble fermé, et pas depuis peu. À ce que je vois, à l'intérieur ça fait des lustres que le propriétaire a foutu le camp, ou bien la femme de ménage est une sacrée feignasse !

Le front collé à la vitrine, McNabe contemplait l'intérieur du magasin.

— Pourtant le courrier ne s'est pas amoncelé, dirait-on, fit remarquer Vitarelli. Essayons d'entrer pour voir !

La porte ne résista pas à la pression naturelle que lui imprima McNabe. Une clochette retentit même à l'ouverture faisant fuir un énorme chat gris qui dormait sur un tas de cartons vides. Des bibliothèques serpentaient le long des murs, plus ou moins remplies par une multitude d'ouvrages divers. Il flottait dans l'air une étrange odeur, une odeur de vieux, pensa McNabe, comme à l'hospice, comme à l'hôpital : un parfum de fin de vie.

Un petit homme rabougri apparut au fond de la pièce, s'appuyant sur une canne au pommeau ciselé en forme de serpent. Son âge était certain et Vitarelli l'estima à environ quatre-vingts ans. Ses cheveux translucides et ses lunettes aux verres épais renforçaient le poids déjà lourd des années. Il semblait en bout de course.

— Messieurs... Que puis-je pour vous satisfaire ? interrogea-t-il avec un léger accent slave.

— Vous êtes bien Walter Zap ? lui retourna Vitarelli tout en s'approchant.

— Oui, c'est bien moi et depuis bientôt soixante dix-neuf ans. D'ailleurs, il me semble que c'est bien mon nom qui orne l'enseigne, là-dehors.

— Monsieur Zap, nous appartenons à la NSA, la *National Security Agency*...

Dans un bel effort de synchronisation, Vitarelli et McNabe sortirent leur badge et le tendirent au plus près de Walter Zap. Ce dernier réajusta ses énormes binocles pour vérifier les assertions des deux prétendus agents.

— Nous sommes venus pour parler de votre hangar qui a brûlé...

McNabe n'eut pas le temps de terminer.

— J'ai déjà tout expliqué au FBI. Je n'ai rien d'autre à dire. Je ne m'occupais plus de ce dépôt depuis presque quinze ans. Il était vide et servait de temps en temps, du moins je présume, à héberger quelques malheureux.

— Le FBI ? N'était-ce pas plutôt la CIA ? demanda Vitarelli, intrigué, tout en interrogeant McNabe du regard.

— Non, non, le FBI, c'est le FBI qui est venu. Eux aussi m'ont jeté leur plaque à la figure. Je suis peut-être myope comme une taupe, mais je vois encore à moins de dix centimètres !

— Vous ont-ils parlé du *Principes Moralis* ? poursuivit McNabe, alors que son supérieur semblait dérangé par les révélations du vieux Zap.

L'atmosphère se plomba d'un coup, d'un seul. Zap dont la peau était pourtant déjà blanche, vira à l'albâtre et s'appuya fermement sur sa canne comme si le monde venait de s'abattre sur ses antiques épaules. Ses yeux se fermèrent, et il se mit à murmurer quelque chose dans une langue que ni Vitarelli ni McNabe ne purent identifier. Enfin il releva la tête, les yeux remplis de larmes.

— Il fallait bien que cela arrive un jour. Après tout, je ne risque plus rien à vous raconter.

7 mai 1999

New York, Brooklyn Heights

La climatisation fournissait un air chaud saturé en humidité. De plus il délivrait bien trop de décibels au goût d'Howie qui décida sans en informer personne de l'éteindre d'un coup de pied bien appuyé. Le bruit que provoqua le contact de la semelle en caoutchouc sur le capot en métal à moitié rouillé du climatiseur inquiéta l'agent chargé de la surveillance, qui se nommait Wayne. Howie le rassura alors que ce dernier faisait irruption dans le salon, la main déjà à son étui.

En fait, Howie rongeait son frein. Il éprouvait le détestable sentiment du fauve en cage. On l'avait relégué là, à attendre le bon vouloir des puissants. Ces derniers semblaient ne voir en Am et lui-même que des marionnettes, dont les fils ne pouvaient casser sans mettre en péril le reste du spectacle. Alors il fallait coûte que coûte maintenir sur scène les pantins. Tant pis pour les journées passées à ne rien faire, à ne rien savoir, tant pis pour ces heures suspendues, car tel était le bon vouloir des grands de ce monde. D'autant qu'une inquiétude bien plus grande le tenaillait, rongeant ses tripes de l'intérieur à la façon d'un acide. Serait-il sorti d'affaire avant la première de l'épisode un de *Star Wars* ?

Howie s'ennuyait ferme. Et malgré les matchs de base-ball, le temps se faisait long, trop long. Chaque seconde s'étirait comme une heure, chaque heure appelait la suivante. Quant à Am, elle passait le plus clair de son temps à dormir, ou bien à rester allongée dans la chambre. Elle fuyait les conversations et semblait flotter entre deux mondes. Howie l'avait même surprise en train de pleurer et elle avait refusé de lui en expliquer la raison, se contentant de réclamer ses bras autour d'elle.

Aussi, lorsque Peter se mit à hurler dans le couloir et que des coups de feu retentirent, tout ce petit monde sortit de sa léthargie. Wayne se mit à courir dans la chambre en entraînant Howie par le bras. Am, réveillée en sursaut, affichait un visage affolé et on lisait la peur au fond de ses yeux. En silence, Wayne indiqua à ses deux protégés la fenêtre qui donnait sur l'arrière de l'immeuble. Manifestement, c'était là l'issue de secours prévue en cas de crise grave. Sans réfléchir, Howie prit la main de Am et entreprit de rejoindre l'escalier de service. Tandis que Wayne couvrait leur fuite de son Beretta 7.65 mm, une adaptation du modèle 70 muni d'un silencieux. La descente ne fut pas aisée : il manquait plusieurs barreaux aux échelles qui reliaient les différents étages. Am et Howie devaient redoubler d'attention pour ne pas finir écrasés sur les pavés recouverts de mousse de la cour.

Une fois le sol rejoint sans encombre, ils eurent une pensée pour Wayne et relevèrent la tête une fraction de seconde. Le corps de ce dernier gisait sur une grille, juste sous la fenêtre de la chambre qu'ils venaient de quitter. Mais le sifflement imperceptible d'une cartouche à charge réduite vint perturber les tympans des fugitifs pour aller s'écraser en plein sur une poubelle en un impact impressionnant.

— Putain de merde, on nous tire dessus ! Merde, merde ! se mit à crier Howie, cherchant à protéger Am de son corps. Faut qu'on dégage, cours, cours ! hurla-t-il alors qu'un autre sifflement venait de naître.

Ils se mirent à courir comme des forcenés, puisant leur énergie dans la trouille qui les prenait au ventre. Bientôt, ils déboulèrent dans Myrtle Avenue, manquant de se faire renverser par un fourgon postal. Du regard Howie balaya le champ des possibilités qui s'offraient à eux. Au bout de la rue, il aperçut une tache jaune : un taxi qui semblait à l'arrêt.

— Am, va falloir faire plus fort que Carl Lewis. OK ?

— OK, répondit-elle en un souffle.

Les deux cents mètres qui les séparaient du véhicule leur parurent insurmontables. À l'unisson, leur rythme cardiaque s'affola pour atteindre la limite critique où le sang commence à bouillir, à envahir les veines. Où la gorge s'assèche jusqu'à faire mal. Le chauffeur du taxi qui venait de déposer un client allait repartir lorsque Howie tomba de tout son poids sur le capot.

— C'est quoi ce bordel, mec ! Tu te crois où ? Bordel, on n'est pas à Harlem ! J'espère que tu m'as pas défoncé la tôle, sinon c'est la tête au carré direct ! brailla un Rital mal dégrossi tout en descendant constater d'éventuels dégâts. Putain t'as de la veine, la peinture est même pas éraflée.

Howie ne l'écoutait pas et ne cessait de regarder derrière lui, scrutant Myrtle Avenue étrangement déserte de tout forcené arborant une arme. Am se tenait à son épaule et crachait ses poumons.

— Nous n'allons nulle part pour le moment mais on vous indiquera en route, c'est possible ? lança Howie au chauffeur, en même temps qu'un billet de dix dollars qui traînait dans la poche de son pantalon.

— Quand il s'agit de bosser, y a jamais de problème. Juste que j'aime pas qu'on touche à mon outil de travail. Allez, grimpez !

Le pot d'échappement lâcha un énorme nuage gris lorsque le taxi démarra. Howie, quant à lui, poussa un profond soupir de soulagement. Am se blottit tout contre lui, tremblante.

— Tu crois qu'ils sont... murmura-t-elle dans un frisson d'angoisse.

Howie lui fit signe de se taire.

— Où allons-nous ? insista-t-elle.

— J'ai un ami disquaire dans le quartier de Tribecca. Je ne vois pas d'autre choix dans l'immédiat. (Howie s'adressa au chauffeur :)

Le 6, Varick Street à l'angle de West Broadway !

— Eh bien t'as pas trop tardé à trouver ton chemin, mon seigneur. Remarque pour le prix, je peux traîner un peu, proposa le conducteur, réfugié derrière ses lunettes noires.

— Non, on file direct, corrigea poliment Howie.

Le taxi déposa les deux fuyards sous l'enseigne fluorescente d'un disquaire. Magasin enchâssé dans un immeuble très Greek Revival comme on en trouve dans l'ancien quartier industrieux de Soho, le *X-Ray* déployait sa large vitrine sur au moins vingt mètres. Affiches de concerts, posters d'artistes, offres promotionnelles tapissaient copieusement cette dernière. Howie entraîna Am à l'intérieur du magasin. Il y régnait une atmosphère baignée par la ligne de basse d'un obscur groupe qu'Howie identifia assez rapidement.

— Un groupe européen, dEUS, l'album *Ideal Crash* est paraît-il une pure merveille !

Am, intriguée, parcourut du regard les linéaires chargés de disques compacts et de vinyles que des adolescents reluquaient et trituraient avec une délectation certaine.

— Eh, Howie, c'est pas possible ! Ça faisait un bail que t'avais pas mis les pieds chez moi ! Ah, je suis content de te voir.

Un homme de taille moyenne avança dans les rayons, chemise col pelle à tarte, pantalon évasé, le tout absolument pas assorti et délavé à souhait. Pas rasé, les cheveux bruns courts,

Bernardo Delmote serra contre lui un Howie qui lui rendit bien.

— Et en plus te voilà bien accompagné. Mademoiselle, si Mr Bernstein vous importune, je me ferais une joie de lui fendre le crâne ! plaisanta Dclmote.

— Bernardo, on n'est pas vraiment d'humeur. Pour tout te dire et faire vite, on a besoin d'une piaule...

— Ah, oui je comprends, coupa Delmote, une lueur libidineuse au fond du regard.

— Arrête tes conneries. Am et moi, on doit respirer un peu, au calme. Si ton studio est toujours libre, on est preneurs.

— OK, OK, pas de lézard. Tiens voilà les clés, tu me les rends quand tu veux !

— Merci, Bernardo. J'abuse, mais j'aurais également besoin d'un ordi, ou d'un portable avec modem.

— Et avec ça, je te sers des M&M's et en petite culotte rose bordée de dentelles ?

— C'est important, Bernardo. Très important.

— T'inquiète, je te trouve ça dans l'heure. Ce qu'il faut pas faire pour ses amis. Allez, file ! Je dirai à Maria que tu es là, elle sera contente de te revoir.

Bernardo Delmote était issu d'une famille de réfugiés portoricains, débarqués à New York en 1963, juste après l'assassinat du président Kennedy. Ses parents avaient cravaché dur, son père ramassait les poubelles dans les quartiers chic et sa mère enchaînait les ménages de 6 à 21 heures. Bcrnardo était l'aîné de la famille ; il avait foiré ses études mais réussi à monter son petit business musical. Il avait même produit deux ou trois groupes de rap minables, que le succès avait suffisamment rattrapés pour lui donner les moyens de racheter quelques appartements au-dessus de son magasin de disques. L'un d'eux faisait office de garçonnière.

— Tu connais ce mec depuis un bail, on dirait ? questionna Am en se jetant sur le convertible déployé qui occupait quasiment toute la surface du minuscule studio prêté par Delmote.

— Quelques années, répondit évasivement Howie.

— Et qui est cette Maria ?

— Sa sœur. Je me demande comment on nous a retrouvés. C'est pas logique, il y a quelque chose qui grippe.

Howie s'assit près de Am et lui caressa la main en contemplant les lieux. Un espace neutre qui n'avait guère changé depuis la dernière fois qu'il l'avait occupé. Moquette grise, murs peints en gris plus sombre, kitchenette, salle d'eau et chiottes réunis, tout cela composait comme une espèce de chambre d'hôtel. En moins cher.

— Tu ne crois pas qu'on devrait prévenir McNabe ? Je pense que...

Am se leva précipitamment et partit comme une fusée vers les toilettes. Howie l'entendit se vider et cracher à s'étouffer. Paralysé par l'angoisse, incapable de réagir, il attendit comme un con. À son retour dans la pièce, Am était devenue blanche, quasi livide, pourtant ses yeux brillaient encore.

— Ça ne va pas ? finit-il par lâcher. Tu ne te sens pas bien ?

— Le contrecoup, sans doute le contrecoup. T'inquiète pas.

Elle sourit et lui caressa le visage, comme pour le rassurer.

— Tu devrais t'allonger et te reposer un peu, proposa Howie tout en la forçant à prendre l'horizontale et en calant sa tête sous de moelleux coussins.

— Dis-moi qui est Maria, raconte-moi un peu de toi. Je sais tout et finalement si peu sur toi.

— J'ai connu Bernardo en même temps qu'un certain Tonino Mineli, un gars pas vraiment recommandable. À l'époque, j'errais sans véritable but précis. J'étais à la recherche de quelque chose qui donnerait à ma vie une direction. Pas de diplôme, un peu d'expérience en tout, des compétences en rien, bref je moisissais. Et puis, de recommandations bidons en présentations au comptoir, j'ai finalement échoué dans le bureau de Mineli. Ce dernier recherchait quelqu'un pour tenir un sex-shop.

Am écarquilla tout grand les yeux :

— Un sex-shop ? Tu as bossé dans un sex-shop, la bonne blague ! Excuse-moi, j'ai le fou rire.

— Pourtant tu sais, cela n'a rien de véritablement comique. Tu ne peux pas imaginer comme c'est triste l'intérieur d'un endroit pareil. Les gens qui y pénètrent transpirent le malaise.

— Et c'est là que tu as rencontré ton ami Bernardo ?

— Non, sa sœur. (Les yeux d'Howie disparurent quelques secondes dans le vague :) Elle était danseuse et exhibait ses charmes sur une piste close, ceinte de vitrines dont le tain dissimulait les voyeurs en tout genre. Disons que je l'ai aidée à retrouver un peu de dignité et que Bernardo m'en garde une éternelle reconnaissance.

— Nemo m'avait parlé de ce Mineli. Il prétendait que ce dernier t'avait salement amoché.

— C'est vrai. Il n'a sans doute pas apprécié qu'un de ses employés vienne prêcher la morale au sein de sa petite entreprise. Et qu'un bon Samaritain reconditionne la chair qu'il destinait à livrer en pâture aux obsédés de toutes sortes, avec billets verts en contrepartie. Mais toute cette matière appartient à une autre époque. Il me semble qu'avec toi, beaucoup d'interrogations ont trouvé leurs réponses.

Am lui sourit et tenta, dans un élan de tendresse, de l'attirer à elle. C'est ce moment que choisit Bernardo pour tambouriner à la porte.

— J'espère que je dérange, au moins ? Non, je plaisante. Tiens, je t'ai dégoté un portable. Fais-y gaffe, c'est le Toshiba de la comptable et je préfère demeurer en bons termes avec elle. Le modem est intégré, t'as même un lecteur DVD, j'ai pas lésiné sur le prix. Faut pas hésiter à les dorloter, les gens qui analysent tes chiffres ! Je vous ai aussi apporté des fringues. Vous avez l'air d'avoir dormi sous les ponts ces temps-ci !

— Merci, vraiment, merci Bernardo.

— Bon, je vais vous laisser. En cas de besoin, tu sais comment me joindre ? Tiens, prends ma carte, y a mon numéro de portable dessus.

Delmote s'effaça, serpentant dans les couloirs, glissant dans les escaliers. Howie s'empressa d'installer le portable. Plus que tout au monde, il voulait en finir avec une histoire qui prenait de jour en jour des proportions trop importantes. Quitte à laisser Am se languir sur le lit.

— Qu'est-ce que tu fais ? questionna-t-elle sur le ton du reproche.

— Il faut que j'entre en contact avec Janus, se contenta-t-il de répondre.

— Mais tu es fou, il va nous localiser...

— Janus n'est pas responsable de tous ces meurtres.

— Et comment peux-tu en être certain ?

— Je le sens, une intuition c'est tout. Pourquoi m'enverrait-il des messages, m'inciterait-il à le trouver si c'était pour au final me tuer ? Quelque chose cloche, et je vais en avoir le cœur net.

Howie configura le micro-ordinateur et commença à rédiger son message.

— Les puissances au pouvoir font-elles peur à Janus ?

Suis de retour sur le réseau et demande réponse urgente.

» Ce message va courir sur tous les forums où Janus est déjà intervenu. Sa réponse ne devrait pas trop se faire attendre. C'est l'histoire de quelques minutes, dommage que ce modem interne nous freine avec ces 56Kbps !

— Je persiste à penser que tu commets une grossière erreur. Rien n'indique que Janus soit le coupable mais rien ne prouve le contraire non plus.

— Am, aucune des performances de Janus n'a jamais induit de dommages corporels. Il s'est toujours attaqué à des systèmes, jamais à des hommes.

– Bienvenue à nouveau, Howie Bernstein.

Avez-vous lu la page 128 du *Principes Moralis* ? J'ai bien peur que non et les puissances au pouvoir auront toute latitude pour nous programmer.

Howie s'empressa de répondre, le sourire aux lèvres.

– Si nous arrêtions de jouer à cache-cache ?

Les devinettes coûtent la vie à de trop nombreuses personnes.

– Qu'est-ce qu'une vie, quelques vies ?

Le sort de six milliards d'existences ne dépend plus que de vous.

Sans réponse je ne puis rien enclencher.

– Enclencher quoi ?

– Les satellites de la NSA ont repéré notre conversation.

Fin de communication.

— Et merde, pesta Howie en refermant le portable. On ne s'en sortira pas s'il ne consent pas à nous lâcher un peu de lest !

— On devrait partir, on pourrait se diriger vers le nord, passer la frontière. Se faire oublier de tous, loin de tout ce merdier, voilà une chance qu'il nous faut certainement saisir au vol. Tu ne crois pas ? interrogea Am en forme de supplique.

— Pas besoin de détaler, nous avons été repérés par l'un des yeux sidéraux de la NSA. Ils ne tarderont certainement pas à débarquer ici.

Pour une raison obscure, Howie pensa à ce père qu'il n'avait jamais retrouvé. À ce géniteur fantôme qu'il avait abandonné tout espoir de connaître un jour. Est-ce qu'un satellite espion pourrait localiser cet homme qui avait abandonné son enfant ? Avait-il seulement encore envie de le découvrir ?

— Je suis tellement fatigué d'avoir passé ma vie à fuir quelque chose, qu'aujourd'hui je me sens prêt à les affronter, ponctua-t-il d'un ton définitif.

15 octobre 1962

URSS, ancienne base militaire de Tungunska, à l'ouest de l'Oural

Khrouchtchev avait toujours détesté Lyssenko, il détestait encore plus se déplacer sur le terrain de ses ennemis. Toujours, il avait préféré les joutes en lieu neutre, le siège des Nations Unies par exemple. Pourtant le Premier Secrétaire n'avait pu se soustraire aux ordres d'instances supérieures. Ces dernières l'avaient informé deux jours auparavant qu'il allait devoir faire face à une situation de crise de première importance : il était vital que tous les intervenants du projet se réunissent au plus vite. Le lieu, nul n'avait dû penser ou oser le discuter.

— Camarade Khrouchtchev, nous n'attendions plus que vous. Comme d'habitude, débuta Lyssenko, en verve.

— Camarade Lyssenko, pour accéder à votre datcha, les chemins ne sont pas véritablement aisés, se contenta de répondre le Premier Secrétaire sur le ton le plus neutre possible.

Autour d'une table située dans l'une des

salles du niveau – 10, plus communément appelée La Ferme, se tenaient assis une douzaine de personnes. Nikita Khrouchtchev en connaissait au moins deux, Lyssenko bien entendu mais également Iouri Bogdanov, amiral en chef de la flotte nucléaire stratégique. Les autres lui demeuraient inconnus et de toute façon, il ne désirait aucunement en savoir davantage. La lumière artificielle baignait la pièce d'une clarté presque naturelle. L'air tendu, tous avaient devant eux un verre d'eau dont le niveau dangereusement bas indiquait une sécheresse de la gorge, symptomatique d'un stress croissant. Quelques-uns, sans doute plus nerveux, tapotaient du bout de leur stylo la surface en bois marqueté de la grande table rectangulaire qui pouvait accueillir jusqu'à vingt personnes au moins. Curieusement ce ne fut pas Lyssenko qui ouvrit le bal, mais l'amiral Bogdanov.

— Messieurs, nous rencontrons un sérieux problème. Le numéro 73 a bien confié le colis à Bagdassarov. Ce dernier, comme prévu, s'est empressé de le transmettre à Kennedy. Seulement l'enveloppe devait contenir une seule photographie destinée à provoquer une crise diplomatique internationale susceptible d'éloigner Kennedy de notre ami Khrouchtchev. D'après nos sources, il s'avère que deux clichés ont été remis à Kennedy.

— Votre petite idée, Bogdanov, risque de nous péter à la gueule ! s'énerva le Premier Secrétaire. Si Kennedy ne lâche pas le morceau, on risque de déclencher une apocalypse nucléaire. C'est de la pure folie que d'avoir initié ceci...

— Si nous en sommes réduits à de telles extrémités, c'est uniquement votre faute. Laissez-moi vous rafraîchir la mémoire, camarade Premier Secrétaire. Pourquoi avoir rencontré Kennedy à Vienne en 1961 ? Pourquoi avoir ouvert la voie à la détente au risque de remettre en cause le fondement même de notre projet ? La coexistence pacifique est un leurre, une théorie inutile que seul un jeune idéaliste comme Kennedy et un vieux briscard comme vous pouviez échafauder.

Lyssenko se montrait d'une véhémence incroyable. Il transparaissait dans le timbre de sa voix une violence inouïe qui lui conférait des accents proches de la folie. Khrouchtchev savait qu'il ne servait à rien d'insister, si ce n'est à entrer encore une fois en polémique.

— En donnant au numéro 73 l'illusion de la liberté, et en lui confiant la mission de troubler Bagdassarov jusqu'à obtenir sa confiance, nous n'avons fait que notre travail. Le résultat dépasse les espérances et je ne comprends pas sur quels faits vous fondez votre inquiétude.

L'homme qui venait de prendre la parole n'était pas un Soviétique. À première vue, Khrouchtchev estima qu'il s'agissait d'un Américain. De son costume gris anthracite bien coupé, il déduisit même que ce dernier appartenait à la CIA. Lyssenko ne tarda pas à lui répondre, en un changement de ton radical, indicateur de l'importance de son interlocuteur.

— Je sais qu'au Bureau des Opérations de l'Intelligence, vous attendez énormément des conclusions du projet. Surtout depuis que votre directeur, Allen Dulles, a été limogé ! Votre investissement depuis 1947 n'est plus à prouver. Je ne remets nullement en cause vos compétences, ni le travail accompli. Seulement, nous venons d'être informés que le numéro 73 avait remis à Bagdassarov une enveloppe avec non pas un cliché de nos missiles à Cuba comme prévu, mais deux. Le bon et un bonus : une prise de vue satellitaire de notre site de Tungunska. Nous savons également que ces clichés ont été analysés par les services de Hoover et déclarés faux. Il aura donc fallu attendre qu'un U2 américain fasse son travail, hier, pour que le téléphone rouge retentisse enfin.

L'homme de la CIA ne sembla pas apprécier les remarques de Lyssenko et lui fit entendre rapidement.

— Nous n'y pouvons rien si le FBI fait court-circuit dès que cela lui est possible. Le jeu de Hoover n'est pas des plus clairs, il ne s'est jamais prononcé en faveur du projet mais ne l'a jamais véritablement condamné non plus. Comme d'habitude, il joue sur la corde raide. Toujours est-il que le colis a bien trouvé preneur et que nous nous sommes débarrassés de Bagdassarov dans la foulée. À ce niveau-là, nous n'avons rien à nous reprocher. Dommage que vos services n'aient pas détecté plus tôt la foirade, cela nous aurait évité de perdre du temps. Cela dit, aujourd'hui Kennedy ne peut plus douter de la véracité des photographies !

Khrouchtchev fronça les sourcils à l'annonce de la disparition de Bagdassarov. Malgré ses efforts pour l'éloigner de cet infâme bourbier, ils avaient donc fini par l'éliminer. Ils s'étaient même servis de Bagdassarov pour arriver à leurs fins. Khrouchtchev commençait à comprendre pourquoi ils l'avaient laissé gérer ce problème à l'époque. Ils savaient pertinemment que le Premier Secrétaire ne saurait s'en débarrasser de manière expéditive et préférerait exiler Bagdassarov. Lyssenko et sa clique avaient-ils été jusqu'à *libérer* sciemment une place à l'ambassade de Washington ? Khrouchtchev n'osa l'envisager.

— Puisque la guerre froide ne garantissait plus un rempart suffisant, il nous fallait de toute façon trouver une solution à court terme. Il est clair que nous aurons les coudées franches durant toute la crise de Cuba. À vous, camarade Premier Secrétaire, de la faire durer, de toute façon l'état-major américain ne risquera pas d'entrer en conflit direct avec nous ! conclut l'amiral Bogdanov.

Lyssenko se leva et prit un air solennel. La terrible lueur de démence semblait avoir quitté ses yeux, laissant place à la froideur et à la rigueur scientifique.

— Messieurs, abandonnons à présent la politique pour quelques nouvelles en provenance du front de la science. Vous n'êtes pas sans savoir que notre vol spatial habité s'est révélé plus que positif. Nous avons ramené de l'espace matière à faire avancer nos travaux. Jusqu'à maintenant, toutes nos tentatives de clonage reproductif échouaient au stade de la scission de l'œuf. Eh bien, nous sommes depuis une semainc en mesure, grâce aux avancées spectaculaires de nos équipes, de reproduire un champ électrique suffisamment faible pour encourager et stimuler l'œuf sans le détériorer.

Une rumeur traversa la salle. Chacun fixa attentivement Lyssenko, suspendu à ces lèvres qui annonçaient en quelque sorte l'aboutissement proche du projet.

— La solution provient directement du système électronique du satellite artificiel Vostok, qui a propulsé l'année dernière Gagarine sur orbite. Grâce à lui, l'œuf continue à se scinder et nous avons pu en replacer trois dans l'utérus de porteuses. Le fœtus grandira avec le même ADN que celui de son donneur et deviendra... son véritable clone ! Je pense que, cette étape fatidique franchie, nous serons à même de cloner un organisme adulte à partir de cellules spécialisées, comme celles de la peau, du foie ou de tout autre organe très rapidement.

Tous se levèrent et applaudirent à la nouvelle que Lyssenko venait de leur annoncer. Seul Khrouchtchev s'abstint de toute effusion, de tout commentaire. Écœuré, il s'éclipsa, alors que les bouteilles de vodka s'ouvraient et qu'un plateau de caviar et de blinis venait de surgir du néant.

Sur le chemin du retour, le Premier Secrétaire fit face à un immense abattement. Alors qu'il n'était en rien responsable de l'implantation des SS-14 sur le territoire de Fidel Castro, il allait devoir affronter les Américains. Internationalement, il passerait pour un fou dangereux, le doigt posé sur le bouton de l'Armaggedon. Devait-il renoncer maintenant, n'était-il pas trop tard pour enfin cesser le jeu que lui imposait ce projet insensé ? N'avait-il pas cédé trop facilement à l'appel d'un pouvoir qui finalement ne pouvait que s'effriter ? Autant de questions qui l'assaillaient et le poussaient dans ses derniers retranchements d'Homme. Une seule certitude le rassura, mais elle était de taille à lui éviter le suicide, sortie la plus digne qu'il envisageait à cette heure. Il pouvait compter sur le jeune président Kennedy pour rétablir l'équilibre des forces. Leur entretien viennois avait confirmé au Premier Secrétaire que l'Amérique était dirigée par un homme de bien et de foi. Malgré tout ce qui les séparait, peut-être parviendraient-ils, en unissant leurs forces, à contrecarrer les plans odieux de Lyssenko.

PHASE QUATRIÈME

7 mai 1999

Washington D.C.

Walter Zap avait conduit ses visiteurs dans l'arrière-boutique. Une pièce où se bousculaient un spartiate lit de camp, un évier, une table ronde au plateau de marbre, une armoire et un poste de radio à lampes. Zap devait habiter là, sans attendre autre chose que l'entrée peu probable d'un client. McNabe se demanda comment il était possible de vivre dans un espace aussi exigu, puis il se remémora quelques souvenirs de jeunesse, les chambres d'étudiants à l'université, son premier studio avec Helena.

Vitarelli entreprit de s'asseoir mais il n'y avait qu'un tabouret à disposition. Il hésita un moment puis le proposa à Zap qui le refusa, lui préférant le rebord métallique de son lit.

— Ne vous en faites pas pour moi, à mon âge les habitudes se révèlent plus fortes que le petit confort. Mais asseyez-vous, monsieur... pardonnez-moi, j'ai oublié votre nom.

— Vitarelli, mais ce n'est pas grave.

McNabe en déduisit qu'il lui en coûterait de rester debout et entreprit un tour de la pièce qui, vu la surface, ne l'occupa même pas une minute.

— Alors, monsieur Zap, vous vouliez nous raconter quelque chose... commença Vitarelli d'une voix encourageante.

Le visage ridé du vieil homme se plissa à outrance, faisant presque disparaître ses yeux sous les plis. L'air grave, Zap commença par taper trois petits coups secs de sa canne sur le linoléum crasseux qui revêtait le plancher.

— Si vous travaillez pour le gouvernement et que vous enquêtez sur l'existence d'un fragment du *Principes Moralis*, c'est que l'improbable est arrivé. Et je ne risque plus grand-chose à vous délivrer ce que je sais.

» J'ai fui en 1941 la Lettonie parce que mon pays détruisait les livres, parce que les miens étaient devenus fous et pensaient que l'ennemi s'incarnait à coup sûr dans le docte, le savant. Vous savez, l'ignorance peut gommer à la fois le passé et le futur, elle rend docile, malléable. Elle réconforte. Ce que l'on ne sait pas ne peut nous heurter. C'est pourquoi j'ai toujours voué une passion à l'écrit sous toutes ses formes. Dans ma jeunesse, à l'université de Riga, j'ai obtenu un doctorat en histoire du livre.

— Sauf votre respect, il n'est sans doute pas la peine de remonter aussi loin, coupa maladroitement McNabe, adossé à une armoire brinquebalante.

— Cher monsieur, savez-vous où le Nil prend sa source ? Non ? À 6671 kilomètres de son delta égyptien, très exactement au nord du lac Tanganyika. Et comment comprendre le plus grand fleuve du monde si l'on en ignore le début et la fin ?

Vitarelli adressa à McNabe un regard chargé de reproche, qui se passait de commentaires, et chercha à relancer la machine en espérant que la remarque de son collègue ne l'ait pas grippée.

— Je vous en prie, Mr Zap, continuez.

— Bien, où en étais-je ? Ah oui, mon doctorat, dont le thème de recherche s'articulait sur les écrits disparus dans l'incendie de la bibliothèque d'Alexandrie. C'est à cette époque que je lus pour la première fois une mention d'un livre perdu de Sextus Empiricus. Je le glissai d'ailleurs dans ma thèse pour étoffer le long catalogue connu des ouvrages que l'on suppose perdus dans le brasier. Vous voyez, parfois il peut être utile de mentionner la source !

McNabe ne broncha pas et encaissa la remarque sans mot dire. Il ne souhaitait pas subir l'ire de Vitarelli à la fin de l'entretien.

— C'est également à cette époque que j'ai fait la connaissance de Ivan Arkadevitch Bagdassarov. Il venait de soutenir sa thèse à Moscou et effectuait un voyage de fin d'étude à Riga. Nous nous sommes rapidement liés d'amitié. Mais l'Histoire, malheureusement, jouait contre nous, j'ai dû fuir Riga à l'entrée des Allemands dans la ville. Ivan, quant à lui, partit combattre au sein de l'Armée rouge, sous les ordres de Staline. Je débarquai aux États-Unis en 1942, après avoir transité quelques mois par Paris. Ensuite les choses se sont enchaînées plutôt logiquement. Je me suis installé à Washington, ai ouvert cette librairie. Mes connaissances pointues sur les œuvres rares m'ont permis de devenir un expert réputé sur la côte Est.

» Je vécus une existence plutôt confortable jusqu'en 1957, date à laquelle un fantôme fit irruption dans la librairie que vous venez de traverser. Au départ je ne le reconnus pas : trop d'années s'étaient écoulées, de plus son visage semblait marqué par un coup irrémédiable du sort. Bagdassarov venait de se faire exiler par Nikita Khrouchtchev en personne, et se retrouvait propulsé attaché culturel à l'ambassade soviétique, qui à l'époque se trouvait dans le bâtiment juste en face de la boutique. Nos retrouvailles se firent dans la peine tant l'histoire de mon ami se révéla pitoyable. Il m'expliqua que son fils avait été assassiné et qu'il cherchait à démasquer les coupables, que son enquête inquiétait en très haut lieu, mais que curieusement, on lui offrait une promotion en cherchant simplement à l'éloigner.

Zap s'interrompit un instant et fit un signe de la main à Vitarelli, lui signifiant ainsi qu'il boirait bien un verre de ce vin que contenait une bouteille à moitié vide posée sur la table. Vitarelli s'exécuta et en profita pour se servir. Le rouge était un cépage californien, un peu âpre en bouche mais franchement désaltérant. Zap sembla du même avis et évacua le tout en trois ou quatre gorgées, avant de reprendre son histoire.

— Ivan et moi rattrapâmes ces longues années perdues, l'amour inconditionnel des livres nous réunissant toujours. Entre deux cocktails et une inauguration, il lui arrivait de me prêter main-forte sur une expertise ardue. Il se montrait très peu loquace concernant tout ce qui touchait à la mort de son fils. Ses seules confidences ont toutes eu trait à un complot d'envergure mondiale. Un gigantesque projet aux ramifications improbables, sur lequel Ivan tentait d'amonceler le plus d'informations possibles.

— Que savez-vous de ce projet, monsieur Zap ? interrogea Vitarelli qui venait de terminer son verre.

— Oh, bien peu de chose. Ivan ne voulait pas m'en dire trop. Il prétendait que moins j'en apprendrais et mieux je dormirais. Une nuit, nous étions en train d'expertiser un fragment de livre pour le compte d'un de mes clients importants, un associé du plus gros cabinet d'avocats de Washington. Ce fragment était constitué des 240 premières pages d'une œuvre manuscrite, enluminée par des moines bénédictins français vers 1425. Le lot se trouvait dans un état lamentable : parchemin rongé, taches et moisissures, pourtant il s'agissait de déterminer si nous nous trouvions bien en face de la seule traduction connue de l'œuvre mythique de Sextus Empiricus...

— Le *Principes Moralis*, intervint McNabe.

— Tout à fait : une œuvre dont on pensait jusqu'alors qu'elle n'avait tout bonnement jamais été écrite. Au bout d'une dizaine d'heures *d'autopsie*, le verdict nous sembla implacable. Nous nous colletions à un faux d'excellente facture certes, mais un faux tout de même. Ivan avait pris de nombreuses notes durant l'expertise et me demanda même s'il pourrait copier deux ou trois passages avant que le propriétaire du faux ne le reprenne.

— Savez-vous où nous pouvons trouver ce monsieur ? interrogea nerveusement Vitarelli.

— Oui, mais si c'est le livre que vous souhaitez retrouver, cela ne vous avancera à rien, répondit Zap, une lueur de malice dans le regard.

— Et pourquoi donc ? s'énerva McNabe, qui en avait assez d'être debout.

— Parce que ce livre est en ma possession. Mon client ayant appris que cet exemplaire fragmentaire ne valait rien, il me l'a confié, en prétextant que sa bibliothèque personnelle n'avait que faire d'impuretés. Bien évidemment, je l'ai conservé, pour le plus grand bonheur d'Ivan qui pendant presque un mois n'eut de cesse de le compulser.

— Cet exemplaire se trouve encore en ces murs ? s'inquiéta Vitarelli.

— Oui, oui. Venez, suivez-moi.

Walter Zap se leva péniblement, refusant l'aide proposée par McNabe. Son vieux corps semblait sur le point de rompre, tant les années avaient rempli leur office ; pourtant, il se déplaçait encore avec une relative aisance, appuyant chacun de ses premiers pas sur sa canne sculptée dans le bois d'olivier. Il s'arrêta devant une petite bibliothèque anglaise en bois de pin, en ouvrit les portes vitrées, fouilla du regard les rayonnages bondés et d'une main sûre, extirpa un bloc d'une dizaine de centimètres d'épaisseur.

— Le voilà, coincé entre un exemplaire de l'édition originale, premier tirage, du *Moby Dick* d'Herman Melville et ce bon vieux in-quarto de *la Divine Comédie* de Dante. Sentez-vous ce doux parfum ? Cet arôme de cuir et papier entrelacés ?

Zap posa les fragments non reliés du *Principes Moralis* sur un pupitre.

— Puisqu'il semble vous intéresser autant que ce vieil Ivan, jetez-y donc un coup d'œil.

— En ce qui nous concerne, la page 128 suffira, expliqua Vitarelli qui commençait à manipuler le manuscrit avec précaution.

— L'une des plus fidèlement restituées par le faussaire, attendez, laissez-moi faire. Nous y sommes, page 128, regardez ces enluminures, les pigments utilisés imitent à la perfection l'indigo des Bénédictins.

McNabe et Vitarelli contemplèrent, admiratifs, les dessins qui ornaient la pleine page. Des cercles concentriques, sept au total, dans lesquels s'inscrivaient serpents et dragons, femmes et animaux dans des nuances magiques.

— Vous serait-il possible de nous traduire le texte, s'il vous plaît ? demanda Vitarelli, que le latin n'inspirait pas plus que cela.

— Je n'y vois plus très bien, mais de mémoire il me semble que cela prenait une tournure prophétique.

Vitarelli venait d'enclencher le minuscule

enregistreur numérique qu'il dissimulait dans la poche de son pantalon.

— *Au commencement l'Homme pose les règles, puis vient la nuit. La première des sphères tombe alors avec cette nuit et entraîne l'Homme loin de ce qu'il est réellement. Il existe quatre sphères recelant l'essence, la première est celle de la morale, la seconde celle de l'éthique, la troisième renferme la connaissance, la dernière abrite l'espace infini de l'amour. L'Homme sans conscience qui transgresse les règles provoquera leur agonie définitive et le règne de l'Homme s'achèvera bien loin de tout savoir.*

— Et c'est tout ?

McNabe, pour qui tout ceci n'évoquait rien qui ressemble de près ou de loin à un élément d'enquête satisfaisant, commençait à croire qu'ils perdaient leur temps à questionner ce vieux débris. Vitarelli, littéralement absorbé par la traduction approximative de Zap, ne semblait pas partager cet avis. La sonnerie de son portable sembla l'éveiller au monde réel.

— Vitarelli.

— Scotty à l'appareil. On est dans la merde ! Deux hommes au frigo, Bernstein et Homes ont réussi à filer.

— Comment ça ? Qu'est-ce qui s'est passé ?

— La planque a été attaquée, il y a deux heures tout au plus. Du travail net, on a sans doute des professionnels au train ! Le point positif, c'est qu'un de nos satellites de surveillance a détecté un échange d'informations numériques entre Janus et Bernstein. Nous sommes en train de les localiser.

— Qu'espère donc Bernstein ? Bordel de merde, Scotty, bougez-vous le cul et rappelez-moi dès que vous aurez retrouvé cet empaffé.

McNabe interrogea son patron du regard : ce dernier lui fit comprendre que le moment était mal choisi pour procéder à une explication de texte, mais que la situation était critique.

— Excusez-moi, monsieur... ah ma mémoire me trahit à nouveau, impossible de retenir votre nom de famille, c'est un comble !

— Vitarelli, mais ce n'est pas un problème, monsieur Zap.

— Je vous ai entendu prononcer le nom de Bernstein, n'est-ce pas ?

— Oui, tout à fait exact. Quelque chose vous chiffonne ?

Zap se gratta le front de ses ongles longs, y gravant au passage deux marques rouges. Il semblait parti dans les recoins les plus reculés de son passé.

— Bagdassarov a connu un Bernstein, un juif polonais, expert en électronique et informatique de haut vol. C'est d'ailleurs sur une idée de ce Josef Bernstein que Ivan m'avait demandé de lui prêter mon hangar sur le Potomac. Je n'y avais vu aucun inconvénient, de toute façon je ne m'en servais plus que pour y entasser des archives.

Vitarelli et McNabe commençaient à emboîter certaines pièces du gigantesque puzzle dont ils n'avaient jusqu'à maintenant vu que les multiples morceaux éparpillés. McNabe crut opportun de réclamer un complément d'information.

— Qu'est devenu votre ami Bagdassarov ?

— Il est mort dans un accident de voiture en 1962. Le 15 octobre. Un accident étrange, les journalistes du *Post* se sont d'ailleurs longuement interrogés sur cette voiture qui avait plongé sans raison apparente dans le fleuve. Mais je n'ai jamais eu le fin mot de l'histoire. Sauf que depuis qu'il avait rencontré le président Kennedy, Ivan n'arrêtait pas de me répéter que le plus dur était fait.

— Bagdassarov a rencontré Kennedy ! s'exclama McNabe.

— Ne m'en demandez pas plus à ce sujet. Sincèrement je n'en sais pas davantage.

Le vieil homme commençait à présenter des signes évidents de fatigue. Ses paupières retombaient de plus en plus fréquemment et demeuraient longuement fermées. À son élocution ralentie, Vitarelli sentit qu'il avait remué trop de vase pour aujourd'hui. Aussi décida-t-il d'écourter l'entretien.

— Je vous remercie pour votre coopération, Mr Zap. Juste une dernière chose : pourriez-vous nous orienter dans notre recherche de ce Mr Bernstein dont vous venez de nous parler ?

— Attendez... je crois me souvenir d'un article à son sujet. Oui, c'est ça, il a été interné dans un asile il y a longtemps. Je ne me souviens plus des raisons exactes, mais la presse locale en a fait ses choux gras parce qu'il s'est retranché chez lui et a tiré sur les forces de police.

— Encore merci, Mr Zap, conclut Vitarelli avec un sourire victorieux.

Les deux agents abandonnèrent la boutique et restèrent un moment à contempler le building qui s'élevait en lieu et place de l'ancienne ambassade soviétique. McNabe interrogea longuement Vitarelli sur le drame de New York. Et ce n'est qu'une fois installés dans leur voiture qu'ils firent un point le plus complet possible sur les indices et pistes découverts à la lumière des explications de Walter Zap.

— On file à l'aéroport, et je prends le premier avion pour New York. Vous, vous me retrouvez ce Bernstein en question, quitte à écumer toutes les maisons de dingues de l'État. Je pense qu'on n'est pas loin du but, si nous parvenons à recouper toutes les informations que nous avons glanées, nous devrions commencer à y voir clair sous peu !

En cette fin de journée, McNabe ne sautait pas vraiment de joie à l'idée de rester cloué à Washington. La seule perspective de devoir affronter un plafond aussi bas, lui déplaisait fortement. D'autant que la pluie commença à tomber à l'approche de l'aéroport et bientôt, même les balais des essuie-glaces ne purent venir à bout des trombes d'eau que le ciel déversait. McNabe y vit un signe, un avertissement, mais il se retint bien d'en parler à Vitarelli, et se contenta de déposer celui-ci au terminal des départs.

— Bonne chance, McNabe !

— À vous aussi.

Matin du 8 mai 1999

New York, 6, Varick Street
à l'angle de West Broadway

Les hommes de Vitarelli déboulèrent avec fracas dans le studio qu'occupaient Am et Howie. Ces derniers dormaient encore lorsque la porte s'écrasa au sol, violemment arrachée à ses gonds par des micro-charges explosives. La première image que fixa la rétine de Howie – réveillé en sursaut – fut celle noyée de fumée de Livio Vitarelli. Am, quant à elle, se mit à hurler sans même prendre le soin de recouvrir son corps à moitié nu. Howie tenta de la calmer, mais rien n'y fit, elle semblait partie dans une épouvantable crise d'hystérie. Elle bondit hors du lit, offrant sans pudeur à la vue ses formes généreuses. Son pied droit buta contre la table de chevet et Am bascula en avant, s'effondrant de tout son poids. Sa tête heurta un des piétements métalliques du lit dans un bruit mat. Elle ne se releva pas.

— Am ! hurla Howie en se précipitant sur le corps qui gisait inerte. Am, réponds, allez, réponds-moi ! Je t'en supplie.

— Appelez une ambulance, nous avons un

blessé ! ordonna Vitarelli sans perdre une once de sang-froid.

— Espèce de fumier, si elle meurt, je vous ferai la peau ! Vous pouvez en être sûr, je vous ferai regretter d'être venu au monde, fils de pute !

Am respirait, sa poitrine se soulevait faiblement et Howie la recouvrit d'un drap. Il lui caressa la tête, essayant de nettoyer le sang qui s'emmêlait à ses cheveux et lui chuchota des mots tendres à l'oreille. Un instant, il crut la voir esquisser un sourire, mais ce n'était qu'un rictus de douleur qui déformait ses lèvres en un râle à peine audible.

Les secours ne tardèrent pas, à peine ralentis dans un couloir investi par une escouade des brigades d'intervention de la ville. Howie assista, impuissant, à la mise sur brancard de Am et à son départ pour l'hôpital.

— Je veux aller avec elle, Vitarelli ! Vous m'entendez ? Je veux l'accompagner !

— Pas question, pour l'instant nous vous gardons ici. Vous la rejoindrez quand j'aurai fini de vous poser quelques petites questions.

Un éclair de haine farouche traversa le regard d'Howie. Il voulut se précipiter sur Vitarelli, lui saisir la gorge à pleines mains et ne plus lâcher, regarder patiemment ses yeux s'exorbiter à mesure que l'oxygène lui manquerait. C'est tout ce que ce fumier mérite, pensa-t-il. Cependant, deux molosses casqués qui venaient de s'interposer le poussèrent à différer son assaut.

— Je suis désolé, sincèrement désolé de ce dramatique accident, mais je crois que l'enjeu de notre histoire dépasse, et de loin, vos petites préoccupations. Aussi je vous recommande dans un premier temps d'enfiler un pantalon et une chemise, et dans un second temps de vous montrer coopératif.

Vitarelli ne laissait transparaître aucune émotion, le timbre de sa voix simulait une neutralité parfaite et rigoureusement professionnelle. Il faisait ainsi comprendre à Howie que le temps n'était pas à la revanche et que pour l'instant, c'était lui qui maîtrisait la situation.

Une fois habillé, Howie attendit. Il bouillonnait de rage et d'inquiétude au sujet de Am, mais se contint, attendant le moment où l'équilibre des forces en présence se modifierait.

— Bien, vous allez contacter Janus. Nous avons ce qu'il demande, le contenu de la page 128 du *Principes Moralis*.

Vitarelli extirpa le petit enregistreur numérique sur lequel se trouvait consignée la traduction de Walter Zap.

— Y a-t-il un moyen de connecter ce joujou à l'ordinateur ? questionna-t-il, attendant une réponse positive.

— Je vois pas pourquoi je te répondrais, espèce d'enculé, lâcha Howie.

— Parce que c'est dans ton intérêt. Mais remarque, tu préfères peut-être que je vous lâche les basques ! À mon avis, les mecs qui ont fait une descente à Brooklyn Heights ou assassiné ton clochard de copain ne tarderont pas à loger une balle de 7.65 mm dans le vide qui occupe ton crâne. Réfléchis, Howard

Bernstein, à ce qui vaut le mieux pour vous, une protection contraignante ou une liberté létale ? (Vitarelli reprit plus doucement :) Je suis désolé pour ce qui est arrivé à Am et j'espère sincèrement qu'elle s'en tirera avec un hématome. Je te tiendrai informé de son état... Vraiment, je peux pas te dire plus.

La colère d'Howie retomba, au profit de sa raison qui reprenait les rênes. Il tendit une main ouverte à Vitarelli pour que ce dernier puisse y déposer son enregistreur.

— Pas de problème, c'est du coréen, superbe matos. On peut le connecter à la prise parallèle du portable sans trop de problème. Juste que j'imagine que personne ici ne possède les drivers capables de piloter l'engin ? (Un silence appuyé vint lui confirmer que c'était bien le cas :) Bon, eh bien on fera avec.

Alors qu'Howie installait et configurait le matériel, Vitarelli lui posa une question.

— Ton nom, Bernstein, c'est quoi comme origine ?

— D'après toi ? Moi je dirais que ça vient d'une synagogue. Mais va savoir ! ironisa Howie.

— Mais plus précisément, enfin je veux dire tes parents...

— Je n'ai jamais eu de parents, en tout cas d'aussi loin que je m'en souvienne. Quand je te dis qu'Howie Bernstein vient d'une synagogue, c'est pas une blague. J'ai été élevé par un rabbin, un vieux croûton qui s'est obstiné à vouloir faire de moi un intégriste de premier ordre et ne m'a jamais lâché le morceau concernant mes géniteurs. En bref, un enfoiré, un peu comme toi ; gentil et méchant à la fois. Ça y est, ton truc est branché : c'est quand tu veux.

— Entre en contact avec Janus et dis-lui que nous avons trouvé ce qu'il nous a demandé.

Howie s'exécuta avec célérité, envoyant le message par le même biais que les autres fois. Pourtant aujourd'hui, la réponse ne se fit pas attendre.

— Il n'a pas eu besoin de nous localiser, ça explique la rapidité de sa réaction, expliqua Howie.

Vitarelli ordonna qu'on enclenche la recherche par satellite, via son cellulaire.

- Pouvez-vous me fournir les informations que vous avez trouvées ?

Howie appuya sur la touche « Play » de l'enregistreur, instantanément la voix numérisée se mua en texte prêt à circuler sur le réseau.

- Au commencement l'Homme pose les règles, puis vient la nuit. La première des sphères tombe alors avec cette nuit et entraîne l'Homme loin de ce qu'il est réellement. Il existe quatre sphères recelant l'essence, la première est celle de la morale, la seconde celle de l'éthique, la troisième renferme la connaissance, la dernière abrite l'espace infini de l'amour. L'Homme sans conscience qui transgresse les règles provoquera leur agonie définitive et le règne de l'Homme s'achèvera bien loin de tout savoir.

Un long moment s'écoula avant que les mots de Janus ne viennent à nouveau encombrer l'écran. Durant ces longues minutes qui leur parurent des heures, Howie et Vitarelli continuèrent leur joute verbale.

— Connaissez-vous un dénommé Ivan Bagdassarov ?

— Bagda, quoi ?

— Bagdassarov, un Russe mort en 1962 dans un accident de voiture et qui aurait beaucoup à voir dans notre saloperie d'histoire ! s'énerva Vitarelli, certain qu'Howie en savait plus qu'il ne le prétendait.

— Absolument pas. Je n'ai même jamais vu ce nom circuler sur le Web. Pourquoi devrais-je le connaître ?

— Parce qu'il a fréquenté un Bernstein.

— Attends, tête d'œuf, tu sais combien il existe de Bernstein rien qu'aux États-Unis ? C'est un peu comme les Smith en Angleterre, il y en a des milliers... Y en a même un qui peut se flatter d'être le plus bel enfoiré que je connaisse.

— Je sais, mais je n'en ai qu'un impliqué dans cette affaire et il s'agit de vous. Alors on peut convenir que c'est troublant, de retrouver un autre Bernstein en cours de route, non ?

Janus vint perturber ce débat d'une intervention.

- Le code a bien été reçu et authentifié. Comme prévu, je libérerai les informations et autoriserai l'accès à mes archives d'ici 24 heures. La diffusion sera mondiale et instantanée. Ma localisation est désormais possible. Je vous attends puisque vous ne tarderez plus à me trouver.

Fin de communication.

Howie et Livio Vitarelli se regardèrent, effarés. Que fallait-il comprendre de ce message abscons ? Qu'avaient-ils initié sans maîtriser les tenants et les aboutissants ? La sonnerie du cellulaire retentit alors que s'affichait encore à l'écran le message de Janus et que l'atmosphère venait soudain de s'alourdir.

— Scotty à l'appareil, on a localisé Janus et vous ne le croirez jamais, le signal a été émis depuis New York. Très exactement à South Bronx, un immeuble sur Bruckner Boulevard, pas très loin des quais sur Harlem River.

— Bravo, Scotty, bon travail ! On fonce directement là-bas.

— J'envoie des renforts, patron ?

— Non, j'ai ce qu'il faut sous la main. Terminé.

Vitarelli considéra Howie un long moment, semblant hésiter, soupeser le pour et le contre d'une décision impérieuse.

— Bernstein, vous m'accompagnez, on part coincer Janus.

— Pas question, j'ai rempli plus que ma part, je file à l'hôpital rejoindre Am et cette fois ne vous interposez pas ! menaça Howie, excédé par le ton autoritaire de Vitarelli.

— C'est sur le chemin, je vous déposerai au retour. Et arrêtez de faire le gamin, ça devient véritablement exaspérant ! Am a certainement beaucoup plus besoin de calme en ce moment que de vous supporter à ses côtés...

Vitarelli fut interrompu dans sa tirade par le tintement synthétique de son téléphone portable.

— Vitarelli à l'appareil !

— C'est McNabe. Stoppez tout immédiatement. Ne balancez pas le code !

Matin du 8 mai 1999

Washington, Hôpital Arlington, section psychiatrique

La 22 avait transmis durant la nuit à McNabe la liste des Bernstein internés dans l'État. Parmi la dizaine de personnes désignées, l'attention de McNabe avait été attirée par un homme enregistré officiellement sous un nom d'emprunt et dont le véritable patronyme était bien Josef Bernstein. Ce dernier avait été interné à l'hôpital Arlington en 1989 pour troubles graves du comportement. Son dossier indiquait qu'il était victime de crises de paranoïa aiguë, associées à une schizophrénie latente. Le diagnostic défavorable des médecins semblait le condamner à vivre ses derniers jours à l'asile.

McNabe n'avait pas perdu de temps, même pas cédé à un petit déjeuner pourtant copieux, il fila directement à l'adresse fournie avec la liste et arriva sur le coup de 8 heures à l'Arlington's Institut. L'hôpital se décomposait en plusieurs bâtiments perdus à la sortie de la ville, au beau milieu d'un bois. Vraisemblablement construit après la Seconde Guerre mondiale, l'ensemble architectural commençait à s'essouffler, tant au niveau esthétique que matériel. Le service psychiatrique se révéla la plus sinistre des six constructions qui jalonnaient le site, reliées par des sortes de tubes de verre : un rectangle allongé haut de cinq étages, entièrement construit en briques de couleur ocre. Quelques baies vitrées venaient bien rompre de temps à autre la monotonie de l'édifice. Mais si elles laissaient sans aucun doute pénétrer la lumière, par un étrange jeu de reflet elles demeuraient opaques pour le visiteur extérieur, renforçant l'apparence sinistre du bâtiment.

McNabe ne rencontra pas trop de difficultés pour voir Josef Bernstein. Sa plaque d'agent de la NSA le rendit même sympathique à toute une catégorie du personnel, sans doute las des interventions à la cow-boy du FBI. Une infirmière le conduisit à travers les couloirs à la laque cloquée, à travers les cercles d'un enfer beaucoup plus terrible que celui des morts. McNabe croisa quelques pensionnaires, ombres spectrales aux regards anesthésiés par les traitements chimiques, aux crânes parfois déformés par les électrochocs. Quelques hurlements, auxquels son guide ne sembla même plus faire attention, vinrent lui courir le long de l'échine. Et lorsqu'il arriva enfin devant ce qui devait être les quartiers de Josef Bernstein, il fut accueilli par le rire sardonique d'une femme en pyjama.

— Vous venez voir le cinoque, hi hi hi ! Vous savez qu'il est complètement fou, chuchota-t-elle en direction de McNabe alors que l'infirmière s'apprêtait à sévir.

— Allons, Mrs Gozlan, retournez dans votre chambre. Vous allez attraper froid dans cette tenue !

— Hi hi hi hi, c'est un Juif, les Juifs sont tous fous, hihihi ! Moi, je suis retenue ici contre ma propre volonté, contre ma propre volonté, répéta-t-elle tout en s'éloignant.

— Madame Gozlan a perdu son mari il y a trois ans dans un accident d'avion. Elle ne s'en est jamais remise. Mais il ne faut pas lui en vouloir, tout compte fait elle n'est pas méchante, s'excusa l'infirmière dont le badge indiquait qu'elle se prénommait Charleen.

— Merci de m'avoir conduit jusqu'ici, Charleen. Est-ce qu'il est possible que je reste seul un moment avec Mr Bernstein ?

— Oh oui, bien entendu. Vous verrez, Josef n'est pas un violent. Simplement, un rien l'effraie. Enfin si vous avez besoin de moi, ou si vous avez terminé, vous n'aurez qu'à appuyer sur le bouton d'appel.

Charleen ouvrit la porte surmontée d'une espèce de hublot et annonça McNabe avant de se retirer en lui adressant un large et généreux sourire.

Bernstein gisait recroquevillé dans un coin d'une chambre austère. Rien de superflu n'occupait les quinze mètres carrés d'espace alloué au malade. Un lit à sangles, un lavabo aux bords arrondis, des toilettes sans abattant agrémentaient de leur splendeur utilitaire ce volume aux proportions désespérantes. McNabe avança à pas mesurés en direction de l'homme qui demeurait immobile malgré cette intrusion dans son univers.

— Mr Bernstein, je me nomme McNabe, Ian McNabe et je suis un agent de la National Security Agency. Si vous voulez voir mon badge, je suis en train de vous le tendre.

— Foutez le camp ! Vous êtes des leurs, je le sais. Mais cette fois-ci, je ne me laisserai pas prendre au piège ! hurla Josef Bernstein pour toute réponse.

McNabe s'accroupit comme pour se mettre à niveau et murmura :

— Je mène une enquête qui permettra peut-être, entre autres choses, de résoudre l'énigme de la mort d'un de vos vieux amis.

— Je n'ai ni n'ai jamais eu aucun ami. Tous des traîtres à la solde des puissants, des aveugles qui enfouissent les pires crimes sous des tonnes de mensonges.

— Je crois tout de même et malgré vos dires qu'Ivan Bagdassarov fut un ami pour vous, insista McNabe.

Bernstein se retourna, secoué, presque vacillant, comme si l'évocation de Bagdassarov avait éteint d'un souffle puissant les dernières braises qui couvaient sous la cendre. McNabe découvrit dans le même temps un visage poli par le temps. Josef Bernstein possédait le teint mat et de longs cheveux gris cassants. De type asiate, les yeux en amandes presque clos, il faisait penser à ces cavaliers qui écumaient les steppes mongoles. McNabe qui avait vu sur une chaîne câblée un reportage à ce sujet, fut frappé par ce détail. Sinon et malgré son âge, le bonhomme affichait encore une relative fraîcheur physique.

— Monsieur Bernstein, j'enquête sur une affaire qui a déjà coûté la vie à plusieurs personnes. Si vous pouviez m'aider à faire en sorte que tout ceci s'arrête, je pense que les puissants dont vous avez si peur en seraient pour leurs frais.

— Savez-vous seulement qui ils sont ? Vous êtes-vous frotté un jour à leur pouvoir ? C'est comme caresser un porc-épic, on s'en retrouve ensanglanté, expliqua pompeusement le vieil homme.

— Je crois à la justice et à la force du gouvernement qui...

— Ils font et défont les gouvernements. Quelques hommes ont cru pouvoir les défier, ils sont morts aujourd'hui et vous le serez vous aussi si vous persistez dans le chemin de la vérité.

Il y avait dans sa voix quelque chose d'effrayant, un mélange de lucidité et de résignation absolue. Quelque chose qui rendait chacune de ses phrases aussi percutante que la droite de Mohamed Ali. Malgré cela, il sembla à McNabe qu'il marquait des points : petit à petit, une forme embryonnaire de confiance s'installait entre eux.

— Êtes-vous prêt à payer le prix ? interrogea Bernstein tout en sondant le regard de McNabe. Êtes-vous seulement prêt à payer le prix ? répéta-t-il.

— Je suis prêt à faire mon métier, c'est tout. De quelle façon étiez-vous lié à Bagdasarov ?

Josef Bersntein toisa McNabe. Ses réponses lui plaisaient et ses questions, bien que troublant la vase d'un passé que le vieil homme aurait aimé laisser dormir, titillaient son envie de donner sa version des faits. Il se décida brusquement :

— Au départ, il me payait différents petits services électroniques. Il se trouvait qu'à l'époque, en 1958, je travaillais à Boston dans une entreprise spécialisée dans le matériel d'écoute. Parallèlement à ce travail, j'avais développé une activité annexe plus lucrative, grâce à mes dons dans le domaine de la surveillance. Ivan Bagdassarov avait obtenu mon dossier par le Renseignement soviétique. À l'époque, le KGB m'avait recensé en tant qu'espion potentiel : mon activisme de gauche avait Retenu leur attention. Lors de notre première rencontre, Ivan me demanda si j'étais capable de venir à bout de certains systèmes de détection. Je lui répondis alors – j'étais jeune – qu'aucun système ne me résisterait si on y mettait le prix. Il me proposa cent mille dollars or pour le contenu d'un coffre à fracturer... à l'ambassade soviétique de Washington.

— Et vous avez accepté ce genre de travail sans broncher ?

McNabe essaya d'imaginer le personnage dans la peau d'un monte-en-l'air, cela manqua de le faire sourire.

— J'ai même réussi : j'empochai l'équivalent or de 90 000 dollars seulement, et remis à Ivan un dossier. Ce fut notre premier coup d'éclat. Il y en eut d'autres, de moins en moins rémunérateurs. Mais à mesure que j'apprenais à connaître Ivan, je compatissais et embrassais sa cause. Il devenait avec le temps plus qu'un commanditaire, un ami, c'est vrai, un ami que les puissants avaient brisé. Ivan n'hésitait pas à monnayer très cher la moindre parcelle d'information pouvant le conduire à identifier les assassins de son fils. Ah, cette fibre paternelle ! (Il demeura un instant suspendu à son exclamation.) Il se retrouva rapidement en possession d'une montagne d'informations confidentielles et ultrasensibles concernant les activités d'un cartel international. Ce groupement cherchait à maîtriser je ne sais quel procédé génétique. Peu de temps avant son assassinat en 1962...

— Jusqu'à preuve du contraire, il s'agit d'un accident de voiture, rectifia McNabe.

— Bien sûr ! Son véhicule empruntait une voie express le long du Potomac et aurait fait une embardée, se serait retourné à 180 degrés et aurait foncé sur quatre cents mètres pour plonger à l'endroit le plus profond du fleuve. Appelez ça comme vous voulez, pour moi il s'agit d'un meurtre maquillé. Point à la ligne.

— Avez-vous entendu parler d'un livre qui répondrait au titre de *Principes Moralis* ?

Josef Bernstein partit d'un rire franc et clair. Ses yeux s'ouvrirent presque en totalité, tant l'hilarité s'était emparée de lui.

— Si je connais ce bouquin ! Ça, c'était l'idée du libraire, je ne me souviens plus de son nom, Jap, Rap, enfin bref. À mesure qu'il avançait dans ses recherches, Ivan avait de plus en plus peur pour sa vie et surtout pour la pérennité de la vérité. Je lui proposai alors de compiler ses données informatiquement et, pour les sauvegarder, de les *propulser* sur ce que le Pentagone appelait à l'époque l'Arpanet.

McNabe marqua sa surprise. Le réseau Arpanet, ancêtre de l'Internet, était réservé à l'armée.

— L'Arpanet ? Pouvez-vous préciser, Mr Bernstein ?

— Ce réseau avant l'heure n'était pas trop protégé, tout du moins pour un expert tel que moi. La première application du réseau était militaire et destinée à lier les bases d'action et d'information ; si l'un des sites était la cible d'une attaque nucléaire, cela n'impliquerait pas la destruction de toute logistique. J'ai simplement infiltré l'Arpa et noyauté une des bases de données du Pentagone pour y loger les informations d'Ivan. Pour protéger l'ensemble, il fallait crypter l'accès et le verrouiller par une clé. Au bout de quelques jours, l'ami libraire d'Ivan nous proposa d'utiliser un livre qui avait la particularité de ne pas exister et dont il venait d'expertiser un faux. L'idée nous séduisit et nous avons extrait du livre non pas un mot de passe mais un passage entier, rendant le déchiffrage quasi impossible. Ainsi, les données se trouvaient doublement protégées. Qui aurait pensé à aller fouiner dans le saint des saints du Pentagone ? Et quand bien même mon petit tour de passe-passe aurait été éventé, nul n'aurait pu retrouver trace du fragment d'un livre qui n'avait jamais existé.

— Ingénieux. Pourtant un pirate connaissant suffisamment bien l'œuvre mythique de Sextus Empiricus s'est amusé à envoyer des mails à un citoyen new-yorkais, lui demandant de retrouver la page 128 du *Principes Moralis*. Comment expliquer ça ?

McNabe appuya sa question d'un regard entendu.

— C'est-à-dire que les choses se sont gâtées avec l'avènement d'Internet. Tant qu'Arpa restait confiné à un réseau militaire national, je n'avais aucun mal à contrôler les informations dont j'enrichissais ma base de données virtuelle. Mais le jour où le réseau s'est ouvert au monde, il en est allé tout autrement : j'ai perdu l'accès et le contrôle. Ivan était mort, conserver tout ceci n'avait plus de sens, en prendre connaissance signait mon avis de décès. J'ai alors tenté de récupérer la mise, le libraire m'a prêté son hangar car il me fallait un lieu sécurisé pour tenter à nouveau de pénétrer l'ordinateur central du Pentagone.

— J'imagine que la partie a dû se jouer serré, souligna McNabe.

— J'ai passé trois semaines à infiltrer l'intranet, plus une semaine pour parvenir à réactiver ma base de données pirate. Seulement j'avais été trop long et le temps ne joue pas en faveur des voleurs. Détecté par un des cerbères informatiques du Pentagone, je n'avais pas le choix, j'ai dû balancer l'intégralité du fichier crypté sur le Net mondial. Et là, quelque chose d'improbable s'est passé.

Encore aujourd'hui je ne saurais expliquer pourquoi ni comment cela s'est produit ! De vulgaires données informatiques, de banals codes binaires se sont inventé une vie propre. Plus moyen de situer le fichier source, il s'était volatilisé ! Pendant des années, j'ai tenté de le localiser, arpentant une toile virtuelle de plus en plus complexe, affrontant des flux de plus en plus rapides. Rien n'y a fait, encore aujourd'hui je ne sais toujours pas... Ce que je sais c'est que l'armée n'a pas apprécié de se voir ainsi violée. Les militaires ont dépêché chez moi leurs troupes d'élite, pensant avoir affaire au KGB personnifié.

— C'est l'épisode de la fusillade qui vous a conduit ici.

— Pris de panique, je me suis rabattu sur l'antique fusil de chasse que m'avait légué mon père, comme si j'allais venir à bout d'une brigade surentraînée et je me suis mis à tirer quelques coups de semonce. Ni une ni deux, l'assaut fut donné sans ménagement, trois côtes fêlées, un doigt retourné et l'asile psychiatrique de justesse en lieu et place de trente ans de prison ferme pour trahison.

La tête de McNabe pencha d'avant en arrière, tandis qu'il se massait la nuque. Une migraine pointait le bout de son fer rouge.

— Est-ce que le nom de Janus vous évoque quelque chose ?

Depuis que McNabe était entré dans la chambre – dans la cellule – du vieux Josef, celui-ci était demeuré prostré dans l'angle nord. À peine s'il avait relevé la tête pour s'adresser à son interlocuteur. Aussi McNabe fut-il surpris de le voir soudain se lever. D'autant plus que cassé en deux, à même le sol, il ne l'avait pas imaginé si grand. S'approchant de la fenêtre à l'horizon barré par un grillage métallique, un Bernstein définitivement en verve et sans doute conscient d'être cru se mit à expliquer.

— C'était le nom qu'Ivan avait donné à un de ses derniers informateurs. Je me le rappelle parce que le libraire m'avait fait un cours sur ce dieu représenté par deux visages opposés, un dieu obscur disait-il, une entité du commencement, qui dans le Panthéon romain semblait même supplanter Jupiter. Pourquoi cette question ?

— Parce que notre mystérieux érudit, amoureux de l'œuvre secrète de Sextus Empiricus, répond à ce pseudonyme. Quelqu'un d'autre était-il au courant de l'existence du fichier d'informations que vous avez balancé sur Internet ?

— À ma connaissance, non. En admettant que quelqu'un ait eu connaissance de la clé nécessaire pour casser mon cryptage des données, en admettant même que celui que vous nommez Janus soit assez malin pour se procurer le contenu de la page 128 du *Principes Moralis*, il ne pourra empêcher la seconde sécurité de jouer.

Le visage de Josef s'illumina d'un sourire satisfait. En cet instant, l'homme affichait plus d'énergie que de désespoir. La victoire semblait lui appartenir, tant il rayonnait à la façon d'un gamin confiant en sa bonne étoile.

— Que voulez-vous dire ? s'inquiéta McNabe.

— Si dans le quart d'heure qui suit le décryptage, l'opérateur procède à une sauvegarde manuelle - ce qui est souvent le cas lorsqu'un pirate casse un code, histoire de tout de suite charger son butin –, alors une petite routine, que j'ai surnommée le cheval de Troie, est activée et détruit irrémédiablement toutes les données. Non content de cela, elle ira même, tel un virus biologique, infecter le système de l'opérateur non autorisé ! Avouez que Josef Bernstein se défend encore bien pour son âge ! Ah, Ah, Ah...

Une violente quinte de toux vint perturber le triomphe du vieil homme. Ses poumons tachés de fumeur invétéré le rappelaient à l'ordre. McNabe crut bien qu'il allait s'étouffer et se tint prêt à lui venir en aide, mais les spasmes s'espacèrent. Bernstein rejoignit son lit et se servit un grand verre d'eau. Après deux ou trois raclements de gorge, la crise s'interrompit comme elle était venue.

— Excusez-moi d'insister, mais en clair et si j'ai bien tout saisi, dans le cas où nous communiquerions la traduction de la page 128 à ce Janus et que ce dernier entreprenne le décodage, les données ne pourraient plus jamais être récupérées ? C'est bien ça ?

— Parfaitement, irrémédiablement détruite. Sauf si votre Janus n'effectue pas de sauvegarde.

— Nom de Dieu, mon collègue s'apprête justement à lui refiler ce putain de code !

— Alors dépêchez-vous de le prévenir de tout stopper, sinon vous ne remonterez pas plus haut le cours de la rivière et ne connaîtrez jamais le cœur des ténèbres. Vite, vite, vite... Vite, vite, vite...

McNabe fouilla dans sa veste pour en extirper son portable. Alors qu'il composait le numéro de Vitarelli, son écran lui afficha comme une injure que sa batterie était à plat avant de s'éteindre en un bip définitif.

— Les gens comme vous finissent mal... en général, observa Bernstein entre deux petits rires sardoniques.

Ces dernières paroles firent froid dans le dos à un McNabe qui appuyait frénétiquement sur le bouton d'appel que lui avait indiqué l'infirmière. Cette dernière ouvrit la porte après quelques minutes qui semblèrent à Ian McNabe désespérément longues.

— Où puis-je trouver un téléphone ? hurla-t-il.

Surprise par l'agression, la pauvre Charleen crut bon d'indiquer à McNabe le bureau de l'infirmière en chef. Parce que, expliqua-t-elle, pour accéder aux téléphones publics, il fallait sortir de la section psychiatrique, traverser le tunnel A et accéder au Hall d'accueil de la maternité. McNabe qui ne pensait qu'à prévenir Vitarelli, ne l'écoutait même pas et se contentait de la suivre à pas cadencés.

L'infirmière en chef ne comprit pas ce qui lui arrivait lorsque McNabe débarqua en trombe dans son bureau, lui ordonnant, plaque officielle à l'appui, de dégager et de refermer la porte derrière elle.

— C'est McNabe. Stoppez tout immédiatement. Ne balancez pas le code !

— Eh mon vieux, pas de stress. Nous avons localisé le trublion de manière précise. De plus, il nous a invités lui-même à le rejoindre. Il semble plus coopératif maintenant qu'il est en possession de ce qu'il réclamait.

— Vous lui avez transmis le textc, c'est pas vrai, vous lui avez transmis le texte, se contenta de répéter McNabe.

Il s'effondra sur une chaise en plastique, qui gémit sous le choc.

15 octobre 1963

URSS, ancienne base militaire de Tungunska, à l'ouest de l'Oural

Un vent violent battait les bâtiments en surface alors que d'énormes nuages menaçaient de libérer à tout moment une pluie diluvienne. Pourtant, il régnait à La Ferme une atmosphère de tension et d'excitation mêlées. Les blouses blanches s'agitaient frénétiquement dans les différents laboratoires que comptait le niveau – 10, et semblaient tous sur la brèche. Çà et là, des militaires, Kalachnikov en bandoulière, attendaient nerveusement, à chaque poste de contrôle, un nouveau jour qui refusait de poindre.

Lyssenko, qui semblait épargné par le stress général, traversa d'un pas rapide les multiples couloirs, franchit un à un les niveaux de sécurité à l'aide de son badge magnétique puis arriva, essoufflé, dans une sorte de sas ouvrant, à travers une épaisse et immense baie vitrée, sur une gigantesque salle aseptisée. Lyssenko put y observer une multitude d'hommes en combinaison s'affairant comme autant de fourmis. L'un de ces fantômes au voile de latex blanc l'attendait, son casque à la main. Malgré des traits trahissant une fatigue intense, certainement imputable à de trop longues nuits blanches et à l'abus de stimulants pour tenir le choc, le responsable du département d'embryologie avait le sourire aux lèvres. Lyssenko n'ignorait pas que certains de scs chercheurs – et non des moins éminents – avaient recours à des substances chimiques, dont la cocaïne. Mais il tolérait cet usage dans la mesure où cela profitait à l'avancement du projet.

— Cette fois-ci, nous le tenons ! s'exclama Grichka Malevski. Notre équipe, aidée par celle des Américains, est parvenue à stabiliser un préembryon.

— Combien de jours ? s'enquit Lyssenko, très excité par la nouvelle qui l'avait fait rejoindre le niveau – 10 alors qu'il était en réunion avec l'amiral Bogdanov et Alexia Khomiakov.

— Pour le premier, les cellules ont commencé à se différencier, quant au second il en est à son douzième jour d'existence, riche d'environ quatre cents cellules ! Autant dire que nous avons pleinement réussi, désormais nous ne pouvons plus qu'aller de l'avant, camarade Lyssenko. Je me suis permis de faire passer la nouvelle dans les autres labos du complexe. Ceci est une victoire d'équipe.

— Regrettable erreur d'appréciation, Malevski, mais peu importe. Êtes-vous certain que cette fois-ci la culture ira jusqu'à son terme ? interrogea Lyssenko, sur un registre si glacial que Malevski recula machinalement.

— Je... Cela relève de la certitude absolue.

— Alors débarrassez-vous du bétail. Je

veux que toute trace de nos recherches sur un matériel humain soit éradiquée. Vous avez jusqu'à ce soir.

— *Vous voulez que l'on tue les cobayes* ? Mais ce sont... tenta de protester l'embryologue.

— Ce ne sont plus que des spectres qui viendront hanter nos nuits. Je veux que La Ferme soit nettoyée pour 20 heures. Incinérez les corps dans la chaudière principale.

— Et que fait-on pour le numéro 73 ? Il est toujours manquant à la codification.

— Celui-là, les Américains s'en chargeront, vous n'aurez pas à le traiter !

Sur cette réponse lapidaire, Lyssenko tourna les talons, laissant à d'autres les atermoiements et la compassion. Il n'avait que mépris pour cette race qui s'apitoyait sur le sort de quelques rats de laboratoire, ces sous-hommes à l'esprit étroit qui trouvaient dans la pitié et la charité un réconfort artificiel. Un jour, il lui faudrait également effacer les traces que ne manquaient pas de répandre ces doctes limaces ; un jour qui était de plus en plus proche.

Lyssenko retrouva l'amiral Bogdanov et Alexia Khomiakov presque comme il les avait abandonnés, seul le niveau de la cafetière avait subi une modification à la baisse.

— Eh bien, je pense que nous allons pouvoir très bientôt fêter la naissance de notre premier clone ! annonça Lyssenko avec délectation.

— Il était temps, grommela Bogdanov. Certains commençaient à vouloir remettre en cause notre budget de fonctionnement, ainsi que votre poste. Il devenait urgent de lancer un signal fort en leur direction. D'autant qu'avec Kennedy sur nos talons, la marge de manœuvre s'amenuise dangereusement.

— Kennedy ne sera bientôt plus un problème. Nos amis américains m'ont affirmé qu'ils régleraient la question de manière définitive d'ici quelques jours. Même s'il le décidait aujourd'hui, John Fitzgerald Kennedy n'aura ni le temps d'alerter l'opinion, ni l'opportunité de mettre à profit le cliché pris par un U2 de notre complexe.

Le café qu'Alexia s'était servi, qui correspondait au fond du récipient, lui râpa la langue d'amertume et de froid. Elle faillit bien le recracher avant de se saisir de la parole.

— Avez-vous pensé à faire le ménage sur notre propre paillasson, camarade Lyssenko ?

— Terre brûlée à tous les niveaux, chère Alexia, se contenta-t-il de répondre, alors qu'il n'avait pas saisi le sens large de cette interrogation.

— Je parle du Premier Secrétaire. Vous savez, *nous* savons très bien qu'il a toujours voulu ménager la chèvre et le chou. Il devait faire durer la Crise de Cuba, il l'a enterrée et joué le jeu du catholique. Et rien ne nous prouve que ce n'est pas lui qui a fourni au numéro 73 la photographie supplémentaire.

— Comment se la serait-il procurée ? Je ne cherche pas à le défendre, mais ça ne tient pas ! s'insurgea Bogdanov, en un réflexe de pure logique militaire.

— Amiral, vous n'êtes pas sans savoir que le

programme d'avions espions U2 était opérationnel dès 1960 prétendument au nom d'un organisme de recherches météorologiques. Les missions U2 décollaient de Grande-Bretagne, de Turquie ou du Japon pour violer notre espace aérien. Que vous ne vouliez pas le divulguer publiquement parce que notre armée ne disposait pas des avions et des missiles susceptibles de les arrêter est un fait. Que vous en niiez l'existence en est un autre. Toujours est-il que le 1er mai 1960, Eisenhower donna le feu vert pour une mission destinée à survoler nos zones de test de missiles intercontinentaux. On confia cette mission à Francis Power, un pilote d'essai appartenant à la CIA. Près de Sverdlovsk, à dix kilomètres d'ici, il fut victime d'une panne d'oxygène qui l'obligea à revenir à une altitude raisonnable pour rallumer son moteur. En deçà des 24 000 mètres, il devenait une proie facile pour notre nouveau missile antiaérien SA-2, qui abîma sa voilure. L'appareil chuta en vrille et Power sauta en parachute sans même enclencher le système d'autodestruction. Francis Power fut fait prisonnier ainsi que certains systèmes encore intacts et surtout la caméra 73B Pan et ses 4 000 images. Il est aisé d'imaginer que les taupes infiltrées par ce bon vieux Khrouchtchev au KGB lui ont rapporté quelques négatifs exploitables contre nous.

La jambe droite de Lyssenko ne cessait de trembler nerveusement. Il aurait personnellement adoré en finir avec son ennemi par des méthodes conventionnelles. Mais Khrouchtchev, plus même que Kennedy, se révélait intouchable : son positionnement clairement réformiste, sa stature internationale, ses frasques à l'ONU avaient rendu le bonhomme par trop sympathique à une majorité mondiale et surtout nationale. Personne en URSS ne pouvait courir le risque de voir imploser une fédération si chèrement acquise.

— Je crois que ce problème ne pourra trouver sa solution que dans un règlement politique.

Lyssenko fixa l'amiral dans le blanc des yeux. Il attendait de lui une réponse précise, une solution adaptée aux compétences du stratège maritime. Car Bogdanov était le politique, militaire de carrière, de cœur et d'âme certes, mais surtout le renard capable de berner dans un grand mouvement de bras la fine fleur de la classe dirigeante.

— Je pense trouver quelque soutien du côté de Gromyko, Chelepine et de Souslov. La direction du KGB, malgré son infiltration, nous est acquise. Quant à l'armée, elle basculera du bon côté comme toujours. Bien préparé, cela pourrait, au pire, prendre effet l'année prochaine.

— Eh bien, je pense que nous pouvons lever la séance et retourner à des préoccupations plus terre à terre, déjeuner par exemple. Mon estomac commence à se manifester !

Lyssenko se frotta le ventre tandis qu'un gargouillis s'en échappait. Ce qui donna à Bogdanov l'occasion de placer l'une de ses fameuses plaisanteries de mauvais goût dont il avait le secret et qui faisaient sa réputation de paysan mal dégrossi.

— Je voudrais revenir sur un point avant

que nous partions nous restaurer. Si vous me le permettez bien évidemment, camarade Lyssenko.

— Je vous en prie Alexia, mais par pitié faites vite !

— Avez-vous définitivement abandonné la piste du clonage thérapeutique ?

Lyssenko se mit à rire aux éclats, oubliant durant quelques secondes la tenaille de l'appétit qui lui broyait les entrailles.

— Les enjeux financiers concernant le clonage sont énormes. Le clonage cellulaire intéresse fortement les Américains, ils y voient un vecteur de richesse important. La création de cellules souches embryonnaires permettrait de fabriquer tous les organes d'un individu. Une fois domestiquées, elles pourraient devenir des cellules cardiaques, hépatiques, neuronales, autorisant la guérison de maladies incurables. Mais pourquoi cloner une partie lorsque l'on peut cloner l'ensemble ? Chacun de nous pourrait avoir ainsi son jumeau, sa réserve de pièces détachées, en quelque sorte ! Voilà une perspective beaucoup plus réjouissante de mon point de vue, ma chère Alexia.

— N'oubliez pas les applications militaires. De la chair à canon conditionnée dès la naissance, bon marché, performante. Cela n'a pas dû échapper au Pentagone, ajouta l'amiral Bogdanov.

— Trêve de prospectives, allons donc fêter cette journée comme il se doit, coupa Lyssenko en se dirigeant vers la porte.

Dehors le vent avait redoublé de violence,

les arbres commençaient à frémir alors que les antennes radio se courbaient déjà sous le flux de nord. Une tempête arrivait, la base se préparait à l'affronter.

Matin du 8 mai 1999

South Bronx

Malgré l'appel téléphonique de McNabe et son message alarmiste, Vitarelli ne s'inquiéta pas outre mesure, persuadé que le mot de la fin lui appartenait désormais. Escortés par trois voitures de la police locale, ils rejoignirent rapidement le Bronx et ne tardèrent pas à déboucher sur Bruckner Boulevard.

— Dire que c'est la première fois que je mets les pieds dans le Bronx ! s'étonna Howie qu'un appel à l'hôpital concernant l'état de santé de Am avait quelque peu rassuré.

On lui avait affirmé que Am ne courait plus aucun danger suite à sa chute ; le choc avait été violent mais n'avait causé aucun dommage interne. Elle en serait quitte pour un hématome géant que sa chevelure dissimulerait sans aucun problème, avait même ajouté l'aimable infirmière qui lui avait répondu.

— Ça n'a pas toujours été comme ça. Dans les années soixante, le programme d'urbanisation a fait beaucoup de tort : corruption, aménagement urbain mal étudié et j'en passe. Et depuis la ville n'a rien fait. Au contraire, elle a laissé la situation se détériorer, le Bronx allait devenir le dépotoir de New York, un ghetto où concentrer les pouilleux qui ne jouent pas en bourse.

Vitarelli s'emballait à mesure qu'il développait son explication. Howie fut surpris d'une telle implication, et d'un tel ressort social. Il en trouva Vitarelli presque sympathique pendant quarante secondes, au bout desquelles le charme se dissipa, rattrapé par la réalité de l'action.

— Voilà, d'après Scotty et notre satellite, Janus se trouve dans cet immeuble. À quel étage, ça reste l'inconnue, souffla Vitarelli.

— Une inconnue bien emmerdante en tout cas, parce que le bâtiment compte facilement une quinzaine de niveaux.

Howie, qui avait baissé la vitre électrique et passé sa tête à l'extérieur, tentait de dénombrer les fenêtres qui les séparaient de Janus, au cas où ce dernier aurait eu la bonne idée de s'installer au sommet de cette minitour à la façade délabrée.

— J'espère qu'on n'est pas tombés dans un squat de Portoricains ! Parce que là, plus besoin de se poser de questions. On reste au chaud et on attend la Garde Nationale, plaisanta Howie.

Vitarelli prit un air sombre. On aurait dit un vieux stratège à la veille d'une bataille, à la fois absorbé et excité. Il semblait que plus aucune interférence extérieure ne puisse l'atteindre ; verrouillé, son cerveau se protégeait du vulgaire pour ne se concentrer que sur l'essentiel.

— Bon, quand faut y aller, y a pas à chier,

faut y aller, jura-t-il en descendant de voiture, talonné par Howie.

Les autres, qui n'attendaient qu'un signal pour se lancer à l'assaut du misérable et crasseux immeuble, bondirent de leurs véhicules banalisés dans de multiples claquements de portières.

Sur quatorze étages, la petite troupe ne trouva qu'espaces désertés, canettes de bières écrasées, seringues parfois. Seuls les murs peinturlurés à la bombe, en des couleurs fluorescentes, donnaient un brin de vie à l'ensemble qui n'attendait plus que la dynamite et les bulldozers. La proximité de l'Harlem River avait attiré de nombreux rats. Le poil gras, l'œil terriblement humain, ils dévalaient les escaliers avec de petits cris qui ressemblaient à des grincements de dents. Les portes jetées à terre, pendant sur leurs gonds rouillés, se faisaient rares en ces parages désolés. Aussi lorsque, arrivée au dernier étage, l'équipe emmenée par un Vitarelli surexcité tomba sur une porte blindée en parfait état, la stupeur les gagna. Ils hésitèrent une fraction de seconde sur la conduite à tenir, puis Vitarelli donna le signal et l'escouade se mit en position. Gilets pare-balles en kevlar, casque à la visière rabaissée, arme au poing, les policiers s'apprêtaient à donner l'assaut lorsque l'un d'eux fit remarquer par signes que l'accès n'était pas verrouillé. Prudemment, en binôme, ils investirent les lieux sans un bruit. Vitarelli et Howie se tenaient en retrait, laissant à ces hommes surentraînés le soin de repérer la zone.

L'espace contrastait avec les étages inférieurs. Ici, tout semblait sinon neuf, du moins entretenu. Sur près de cent cinquante mètres carrés, le plateau transpercé seulement par les piliers de soutènement avait été aménagé en un loft spacieux.

— Bienvenue, messieurs !

Une douzaine d'armes à feu se braquèrent simultanément en direction de la voix de celle qui, apparemment, était leur hôte.

— Allons, baissez tout ceci. Une femme comme moi ne représente aucun danger, en tout cas pas en ce qui vous concerne.

Howie, dont Vitarelli obturait le champ de vision, fit un écart pour profiter lui aussi du spectacle. Il ne fut pas déçu. Une petite femme vêtue d'un tailleur strict et démodé se tenait plantée devant eux. Elle affrontait d'un regard malicieux les canons dirigés contre elle. Conscient du ridicule de la scène, Vitarelli ordonna qu'on baisse la garde.

— Livio Vitarelli, agent de la NSA, lança-t-il, voulant rompre ce silence qui conférait à l'atmosphère une tonalité ubuesque. Êtes-vous seule ?

— Qui d'autre supporterait tout ceci, à part les rats et moi-même ? répondit-elle en un sourire discret et charmeur.

Howie tentait de décrypter chacune de ses œillades en direction de Vitarelli, qu'elle avait dû rapidement identifier tant il jouait à merveille son rôle de chef. Il soupçonnait qu'au fond de ses pupilles dilatées ne luise rien d'autre que le mal. Howie aurait été incapable d'expliquer son ressentiment soudain. Peut-être le puisait-il dans le malaise qui semblait planer dans cet étrange endroit ?

— Pouvons-nous commencer ? Oh, j'oubliais, auriez-vous l'extrême amabilité d'ordonner à tout ce beau monde une sortie avec les honneurs, histoire de restreindre l'auditoire ?

Décidément, cette femme aux cheveux gris poivre maniait non seulement les mots, mais se révélait également capable d'empoigner la situation de ses bras fluets. Howie savait maintenant qu'elle représentait plus qu'un danger potentiel. Curieusement, Vitarelli paraissait convaincu du contraire. Comme ensorcelé par cette Circée moderne, il obtempéra à son injonction camouflée en moue gracieuse. Les hommes de la Brigade d'intervention de la ville de New York sortirent un par un : aucun de ces professionnels ne manifesta une quelconque réprobation. Seulement, on sentait à leur démarche lourde et forcée, qu'ils estimaient que Vitarelli, malgré l'entière autorité qui était la sienne sur cette opération, avait tort de se dispenser de leur présence dans un périmètre encore non sécurisé.

— Vous êtes sans doute Howard Bernstein ? Vous *lui* ressemblez un peu, enfin autant que je m'en souvienne...

Elle s'interrompit, comme si elle venait de prendre conscience d'une réalité dont elle n'avait pas soupçonné l'existence jusqu'à cet instant précis. Quel âge pouvait-elle avoir ? s'interrogea Howie, en inspectant le tracé de son visage, la courbe de ses pommettes, les rides. Elle était belle, d'une beauté naturelle sans compromis chirurgicaux ou chimiques. Un rien vulgaire – sans doute un reste d'une jeunesse effrontée : les formes de son corps ondulaient à la manière d'un serpent.

— Vous semblez abasourdis, ou peut-être déçus. Ah, pour vous Janus se devait d'être un homme ! Cruelle déception, messieurs, Janus n'est qu'une malheureuse *bonne femme* de 65 ans. Deux femmes en fait, deux femmes qui ne regardaient pas dans la même direction, deux visages qui aujourd'hui ne font plus qu'un. Mais je vous en prie, asseyez-vous, j'ai hâte de me libérer de ce poids qui me pèse depuis de si nombreuses années.

Elle leur indiqua deux fauteuils Voltaire recouverts d'un tissu aux arabesques inventives et colorées. Vitarelli ne se fit pas prier, alors qu'Howie, méfiant, tourna deux ou trois fois, attendant que *Janus* se pose délicatement sur le sofa en velours bleu qui leur faisait face.

— Avez-vous sauvegardé les données décodées ? questionna Vitarelli, pas encore complètement subjugué.

La femme le dévisagea comme si elle venait de subir le pire des outrages.

— Vous me prenez pour une joueuse à la petite semaine ? Pour un de ces gamins qui s'amusent à infiltrer l'US Navy entre deux parties de Tomb Raider ? Je n'ai rien sauvegardé du tout, pas d'inquiétude. Le petit joujou de l'autre Bernstein n'a pas déployé ses lames de rasoir dévastatrices.

— Quel autre Bernstein ? s'étonna Howie.

Il interrogea Vitarelli du regard. Mais ce

dernier laissa l'explication aux bons soins de leur hôtesse.

— Bonne entrée en matière, je vais donc commencer par là. Très cher Howard Bernstein, si vous êtes ici aujourd'hui, c'est grâce à votre ascendance. Votre père possédait les inconnues d'une équation que je ne parvenais pas à résoudre. J'ai pensé que son fils pourrait m'être d'un grand secours et reprendre l'œuvre paternelle. Mes multiples messages avaient pour but de vous aider à prendre place sur l'échiquier de la partie que j'ai décidé d'entreprendre. Je vous ai patiemment étudié, j'ai suivi vos premiers pas sur le Réseau, enquêté sur votre vie. Aucun doute, vous étiez le cavalier qui me permettrait de l'emporter sur le fou.

Howie fut sidéré. La bouche béante, il se figea en une pose grotesque, sans parvenir à distiller le moindre son, encore moins à articuler le moindre juron. Cet homme qu'il avait traqué des nuits durant à travers le Net, cet *homme* surgissait sous les traits d'une femme et sortait son père d'un chapeau magique.

— Qui, qui était mon père ? parvint-il à articuler au bout d'un moment.

— Je sais que cette... nouvelle – terme plutôt faible au regard de ce que vous venez de subir –, je sais que cette nouvelle vous affecte terriblement et je n'ignore pas ce que vous avez traversé. Pour cela, je vous présente mes excuses. Ne m'en veuillez pas, mais je ne pouvais vous révéler ceci avant aujourd'hui, avant de disposer du code.

— Dites-moi qui était mon père ! supplia presque Howie.

— Josef Bernstein. Votre collègue, agent Vitarelli, semble l'avoir trouvé, si j'en juge par l'appel que j'ai intercepté.

Howie ôta les mains de ses poches, les frotta l'une contre l'autre dans un accès de nervosité. Il aurait voulu se réveiller, s'étirer et constater que tout cela relevait du plus pur cauchemar.

— Quelle est la teneur des données que vous avez récupérées ?

La voix de Vitarelli trancha avec le silence confus d'Howie. Ce dernier s'étonna de l'indifférence que manifestait l'agent de la NSA à son sujet, et à ce qu'ils venaient d'entendre tous deux.

— Elles prouvent que notre monde se trouve sous la coupe réglée de puissances ténébreuses. Que la démocratie est un vain mot et que rien ici-bas ne se décide sans le consentement d'une poignée.

Vitarelli ne put se retenir d'intervenir.

— Si je comprends bien, nous sommes tombés le nez le premier en plein complot d'envergure internationale !

— Bien plus que cela, bien pire que cela. Ce dont je vous parle n'est pas le fait d'un peuple ou d'une nation. Le projet a germé de façon internationale, chaque gouvernement du globe l'a cautionné. Quant aux deux plus importants, ils l'ont subventionné à hauteur de milliards de dollars.

— Qu'est-ce qui peut bien fédérer à ce

point même les antagonismes les plus exacerbés ? Éclairez-nous ! s'impatienta Vitarelli.

— Le secret, le grand secret de la vie, la sacro-sainte hélice hélicoïdale, clé de ce que nous sommes et de ce que nous deviendrons ! déclama Janus. Le programme tout entier du projet a été dédié à la génétique sous toutes ses formes.

— Mais dans quel but, à quelles fins ? Nom de Dieu, vous pourriez au moins montrer un peu plus de précision et cesser de tourner autour du pot. Vous me devez bien ça, après tout !

La rage s'était emparée d'Howie, l'aidant à vaincre l'étourdissement induit par l'électrochoc qu'on venait de lui administrer.

— À ma connaissance, tout a commencé en 1947. Ne me demandez pas pourquoi, je l'ignore. Mais à cette époque, un événement rapprocha les deux grandes puissances ennemies de l'après-guerre. L'URSS et les États-Unis d'Amérique décidèrent, lors d'accords secrets conclus dans le désert du Nevada, de travailler de conserve sur un vaste plan de recherche. L'axe donné était la génétique, le but : réussir le clonage d'un être humain.

— Là, on nage en pleine science-fiction. Madame ne serait-elle pas légèrement mythomane ? ironisa Howie, trop heureux de l'occasion qui lui était offerte de se défouler.

— Je comprends votre réaction. Cependant elle émane de quelqu'un qui bénéficie d'un certain recul. Tout cela vous semble lointain, mais nous sommes aux portes d'une nouvelle ère. L'humanité pensait en avoir fini avec cette fin de XXe siècle et ses monstruosités diverses, entrer de plain-pied dans un siècle doré. Mais croyez-en une ancienne actrice du projet : Hiroshima, Auschwitz, Tchernobyl, ce n'est rien comparé à ce qui vient...

Les yeux bruns s'engorgèrent à ces derniers mots. Vitarelli voulut retenir ces larmes qui allaient jaillir. Howie quant à lui s'interrogea sur leur sincérité.

— J'ai intégré le protocole de recherche Lyssenko alors que j'avais un peu plus de vingt ans. Mes qualités de mathématicienne surdouée ainsi que, surtout, mes dispositions physiques, décidèrent de mon enrôlement. De compromis en coucheries, j'ai vite accédé aux sphères décisionnelles. De ces hauteurs, je voyais le monde différemment. Positiviste convaincue, je ne jurais que par la science. Pour moi, la génétique ouvrait la voie à des guérisons, à la fin des souffrances, au bonheur sur terre. Oh, j'ai participé à bien des ignominies, j'en ai et je continue à en payer le prix. Un jour, le professeur Grichka Oulianov Lyssenko, directeur des opérations du projet pour le territoire soviétique, me convoqua. Il m'expliqua que le Premier Secrétaire, Nikita Khrouchtchev, commençait à poser un certain nombre de problèmes. Le premier homme politique du pays enquêtait secrètement sur les agissements de Lyssenko, sur les expériences qu'il menait conjointement avec les Américains dans un complexe situé en plein Oural.

— Il représentait donc un danger potentiel, coupa Vitarelli.

— Notre camarade Premier Secrétaire avait pourtant, au tout début, adhéré pleinement à cette tentative de percée de la science. Mais il a vite compris, et j'aurais dû le comprendre également, que le projet n'avait jamais eu de portée humaniste. Ce que tout le monde recherchait avant tout, c'était le pouvoir. Pouvoir de créer, à partir d'une cellule, une armée d'esclaves, pouvoir de dupliquer à l'infini des pièces organiques détachées afin de fournir la classe dirigeante, seul le pouvoir comptait. Et moi, j'ai contribué à cela. J'ai accepté de corrompre Khrouchtchev, afin qu'il mange dans la main de Lyssenko. Je m'appelle Alexia Khomiakov.

Sa voix prenait de l'ampleur, emplissait peu à peu le volume de la pièce. Son écho de rage semblait même se répercuter, boule d'acier pour flipper, contre les piliers de béton. Le doute cédait la place à l'écoute pour Howie, qui ne voyait plus en cet instant une menace mais une femme au bout de la route, éreintée par le mystère de son existence.

— Vous avez connu Nikita Khrouchtchev ? s'étonna Vitarelli.

— Je l'ai connu. On peut dire cela de cette manière, c'est plus élégant. Mais mon passé n'est pas la chose la plus importante en cet instant. L'avenir est menacé et je suis soulagée d'avoir réussi à libérer les informations qu'avait compilées Bagdassarov.

— Mais que cherchait au juste Bagdassarov ?

Howie, à qui il manquait quelques informations, tentait d'appréhender les faits dans leur globalité. Il laissait Vitarelli mener le débat, mais ses tympans vibraient à la perspective de se nourrir de parcelles de vérité.

— En 1957, l'un des sujets d'expérimentation de Lyssenko réussit à s'échapper de l'un de nos centres près du lac Baïkal. Le 21. Chaque cobaye portait un numéro, par ordre de sélection, et on lui tatouait ce numéro derrière la nuque. Les hommes du projet détruisaient toute trace de son passé, et celui qui avait été jadis un être humain devenait simple support de recherche. Le fils de Bagdassarov, un météorologiste, campait sur l'île d'Olkhon au milieu du lac. C'est lui qui a repêché le cadavre du numéro 21 : le fugitif était mort de froid lorsqu'il est venu s'échouer sur la grève d'Olkhon. Les hommes de Lyssenko et Lyssenko lui-même étaient sur sa piste et lorsqu'ils découvrirent qu'un témoin se tenait près du corps de leur cobaye, ils furent pris de panique. Lyssenko donna l'ordre d'abattre le fils de Bagdassarov.

— Selon Walter Zap, l'un des proches de Bagdassarov à Washington, Bagdassarov a été exilé par Khrouchtchev. Il voulait donc protéger Lyssenko ?

— Non, Mr Vitarelli. Si Khrouchtchev a épargné Bagdassarov, c'est parce qu'il pensait que la vérité avait plus de chances de voir le jour dans l'exil. Et il avait raison. Lyssenko pensait qu'en laissant Khrouchtchev décider du sort de Bagdassarov, il plaçait un nouveau pion. Il s'est trompé sur toute la ligne. Même si Bagdassarov s'est retrouvé à Washington comme l'avait prévu Lyssenko, il a agi comme un électron libre, plus que comme un automate. Lyssenko n'avait pas envisagé la détermination d'un père à venger la mort de sa chair.

— Comment avez-vous échoué à New York et pourquoi avoir adopté le nom de Janus ? contre-attaqua Howie.

— À cause de l'un de nos plus précieux cobayes. La première de nos mères porteuses, un ancien agent du KGB qui, malgré sa condition, continuait à croire que sa destinée grandirait la nation, fut envoyée à Washington avec pour mission d'intoxiquer Bagdassarov et l'amener à rencontrer Kennedy. Lyssenko était inquiet à plus d'un titre. Kennedy ressemblait trop à son homologue soviétique : idéaliste, excessif. Il risquait de s'allier à Khrouchtchev, qui ne désespérait pas de trouver un écho de poids dans sa lutte sourde contre le projet et ses instigateurs. Dans un premier temps, cette jeune femme dont j'ignore toujours le véritable nom réussit à prendre contact avec Bagdassarov. Elle était en possession d'un document remis par Lyssenko qui devait, une fois entre les mains de Kennedy, bouleverser la donne. Cette photographie aérienne des installations de missiles soviétiques à Cuba était censée donner du grain à moudre à la Maison Blanche et empêcher toute nouvelle tentative de rapprochement entre Kennedy et Khrouchtchev.

— Mais ? Puisque je devine qu'il y a un mais, intervint Vitarelli.

— Mais un grain de sable est venu enrayer les rouages de cette machiavélique entreprise.

Le numéro 73, qui avait pris le pseudonyme de Janus, cessa rapidement de transmettre ses rapports et disparut dans la nature. Lyssenko fut fou de rage. Finalement, la crise de Cuba, inévitable, eut lieu mais ne fut pas le fait de notre intervention. La raison je l'ignore toujours, ce qui est certain c'est que Kennedy disposait bien avant le 15 octobre 1962 du cliché que Bagdassarov lui avait fait parvenir. Des deux clichés, devrais-je dire ! Parce que Janus avait ajouté à la petite enveloppe un cliché Top Secret de notre base principale à Tungunska, dans l'Oural.

— J'avoue que tout cela devient un peu trop confus. Si je résume, Mrs Khomiakov...

— Mademoiselle, j'y tiens, corrigea-t-elle.

— Si je résume, miss Khomiakov, vous êtes en train de nous raconter que ce Lyssenko a été assez puissant pour infléchir le cours de l'Histoire ? Et que ce projet abject a reçu l'appui des plus hautes sphères du gouvernement américain ? J'espère que vous avez des preuves, parce que dans le cas contraire...

Vitarelli resta évasif, comme pour accentuer le côté dramatique de cette dernière phrase en suspension.

— Les preuves vont filer sur le Net dans peu de temps et le monde entier pourra enfin se faire une opinion. Je ne cherche aucune rédemption ; je tente juste de corriger les fautes que j'ai commises. Janus était une femme, une mère qui comprit rapidement que Bagdassarov n'était pas l'ennemi qu'on lui avait présenté. Je crois qu'il l'aida énormément à surmonter la prise de conscience et la portée des horreurs qu'elle avait subies. En échange, par amitié ou par amour, qui sait ? Elle lui a transmis l'essentiel du matériel permettant à Bagdassarov de couler purement et simplement le projet, et Lyssenko avec. Pourtant ces informations se révélèrent inutilisables : comment mettre en cause des organismes aussi puissants que le FBI, comment mettre en accusation des personnages politiques de premier plan ? Le serpent venait de se mordre la queue. Bagdassarov était parvenu au bout de sa quête, mais la vérité était si énorme qu'elle en devenait inutilisable.

» Kennedy représentait la dernière chance, le dernier rempart possible. Mais ils l'ont tué et pour plus de sécurité, ils se sont même débarrassés de son frère, Robert.

— On va bientôt apprendre qu'Elvis est encore en vie et qu'il est pompiste dans une station Texaco, quelque part au beau milieu du Texas ! plaisanta Howie. Allons, tout ceci n'est pas vraiment sérieux. On ne va pas continuer à supporter les élucubrations de cette folle !

Vitarelli le somma de se taire.

— L'explosion de votre appartement relève-t-elle de l'élucubration, Mr Bernstein ? Et l'assassinat de votre ami, les deux hommes que j'ai perdus, le hangar de Washington soufflé comme un château de paille ! Répondez-moi, ça m'intéresse de savoir si tout ceci relève véritablement de l'élucubration !

— Les forces en présence vous dépassent. Désormais, vous n'êtes plus en sécurité.

Même la NSA est infiltrée, assena Alexia. J'ai tué Janus, dans un dernier réflexe de soumission à l'autorité de Lyssenko. Mais j'ai conservé en moi cette lueur de dignité, cette force qu'elle avait au fond du regard. Lorsqu'elle a rendu son dernier souffle, j'ai pleuré : tant de peine m'étreignait ! Après ça, j'ai décidé de disparaître, de me fondre dans ce grand pays qui est le vôtre. Je voulais fuir tout ce chaos, retrouver autant que possible une existence normale, des standards, des repères. À New York, mes compétences en mathématique m'ont permis d'intégrer assez facilement, et sous une identité complètement nouvelle, une jeune société qui cherchait à développer les effets spéciaux numériques pour le cinéma.

— Du grand cinoche, cinémascope et tout le toutim ! railla Howie.

Alexia ne sembla pas tenir compte de la remarque et continua.

— J'ai vécu l'explosion de la micro-informatique comme un merveilleux moyen de prendre ma revanche sur les systèmes. C'est de cet endroit atypique, et sous le nom de Janus – en hommage à celle que j'avais abattue –, que j'ai commencé mon activité parallèle. En quelques années et sans vraiment comprendre pourquoi, je suis devenue une sorte d'icône. Peut-être parce que je m'attaquais à des institutions que le monde entier déteste. Les médias m'ont offert des tribunes et chaque jour la légende me prêtait de nouveaux faits d'armes. De nombreux gamins cherchaient à me rencontrer sur le Net, même vous, Howard Bernstein, n'étiez pas en reste à ce sujet. Pourtant, tout du moins dans un premier temps, si je me suis attaquée au système informatique de votre gouvernement, c'était uniquement dans le but de trouver des éléments relatifs au projet, non par une quelconque volonté politique ou idéologique. Mais le projet semblait mis en veille, et il n'a refait surface que très récemment, me mettant en demeure de réagir.

» À côté de cela, j'apprenais à embrasser la culture occidentale, à oublier mes racines. Vous aurez remarqué que mon anglais ne souffre plus d'aucun accent, n'est-ce pas la preuve d'une véritable volonté d'intégration ?

Elle éclata de rire, et cet éclat de cristal vint rompre la pesante atmosphère qui s'était abattue sur le trio depuis déjà une bonne heure.

— Connaissez-vous le meurtrier de Nemo ? interrogea soudain Howie d'une voix grave.

— Sans doute une équipe chargée de poser des micros chez Am, la présence de votre ami les aura gênés. Voilà tout. Je suis désolée, Howie, mais on ne peut pas tout prévoir.

Howie, peiné, pensa qu'elle avait raison. On ne peut jamais tout prévoir. Même un père que l'on avait enterré peut resurgir du néant à tout instant.

— Nous pourrions peut-être tenter de jeter un coup d'œil sur le fichier de Bagdassarov ? esquissa Vitarelli.

— Ce fichier contient, entre autres choses, la liste exhaustive de tous les intervenants du projet, vivants ou morts. Vous serez surpris d'en découvrir certains à qui vous avez certainement serré la main, ou que vous avez même invités à votre table !

Alexia invita Howie et Vitarelli à la suivre. Elle les conduisit jusqu'à une impressionnante station de travail. Sur l'écran 17 pouces ultraplat défilait une série de codes que l'ordinateur décryptait au fur et à mesure de la lecture. Une jauge électronique située en bas à droite du moniteur indiquait le pourcentage de travail effectué : 15 %.

— Bagdassarov a rassemblé l'équivalent de quatre gigaoctets de données. Le temps de calcul nécessaire aux microprocesseurs de mon ordinateur est assez important. Cependant, je pense en venir à bout avant la fin de la journée. Après ça, on balance la sauce ! Jusque-là, assurez la protection des lieux, c'est tout ce que je vous demande...

Alors que des files de données alphanumériques défilaient sous les yeux de Vitarelli et d'Howie, Alexia se faisait soudainement suppliante, oubliant tout jeu et toute arrogance. Ils comprirent alors qu'elle ne mentait pas. Même si l'enjeu de tout ceci les dépassait, ils ne pourraient plus jamais oublier le témoignage d'Alexia Khomiakov.

Matin du 8 mai 1999

Washington, Maison Blanche

Quelque part en sous-sol, dans les quartiers de haute sécurité où seuls quelques membres éminents du gouvernement pouvaient entrer, deux hommes se dirigeaient d'un pas rapide vers l'abri antiatomique. L'accès de ce dernier était protégé par trois niveaux successifs. Tout d'abord, des militaires filtraient et vérifiaient les badges, ensuite la piste magnétique de ces derniers validait l'ouverture d'une porte blindée de vingt centimètres d'épaisseur, enfin une caméra numérique procédait à l'analyse des empreintes digitales. Les énormes vérins hydrauliques firent leur office, ouvrant le passage aux deux silhouettes en costume noir impeccable.

Dans la salle où ils venaient d'accéder régnait un silence, une immobilité effrayants ; seuls les moniteurs fixés aux murs offraient l'illusion du mouvement, en affichant leurs informations incessantes. Les deux hommes s'immobilisèrent devant un troisième, assis dans un confortable fauteuil en cuir.

— Monsieur, nous avons localisé Janus.

— Bien, très bien. Alors pourquoi avoir

convoqué cette réunion ? Passez à l'action et éliminez cette pourriture !

Le quadragénaire aux cheveux légèrement grisonnants qui venait de s'emporter de la sorte ouvrit une boîte et en extirpa un cigare de taille moyenne, dont il arracha vulgairement l'opercule avec les dents.

— Ce lieu est le seul endroit des États-Unis où nous sommes certains qu'aucune oreille, fût-elle de la NSA, ne puisse fureter. Et ce que nous avons à vous annoncer est de la plus grande gravité.

— Bien, alors allez-y, expliquez-moi ce qui justifie tout ce bordel ?

— Notre antenne à New York a obtenu des informations émanant de la NSA. Janus serait en possession d'un code permettant de décrypter un mystérieux fichier informatique.

— Alors ?

— Et si Janus avait mis la main sur le fichier de Bagdassarov ?

— Ce fichier est une légende. Comment un paquet de données numériques aurait-il pu dormir durant tant d'années sur un réseau de communication numérique ? Tout ça c'est de la foutaise, nos plus importants spécialistes l'ont confirmé.

— Pourtant deux agents de la NSA semblent d'un avis contraire, l'un deux a même retrouvé Bernstein, que nous avions pourtant fait interner au secret ; quant à l'autre, il serait actuellement en compagnie de Janus dans le Bronx new-yorkais. Pour Bernstein, le cas est définitivement réglé, quelques heures après sa visite impromptue il s'est fracassé le crâne contre son évier, un geste désespéré, vraisemblablement un suicide si vous voyez ce que je veux dire...

— Je ne veux rien voir, c'est pour cela que vous existez. Pour régler ce genre de problème !

— Cependant il reste trop d'inconnues, nous avons aussi plusieurs meurtres ainsi que deux explosions sur les bras.

— Les Russes ?

— Ça ressemble à leurs méthodes, pourtant ils nous assurent qu'ils n'y sont pour rien et qu'ils ne se seraient jamais permis d'intervenir sur notre territoire. Pour l'instant, nous n'assumons que la bavure commise à l'encontre du clochard qu'hébergeait Am Homes.

— Alors qui, bordel ?

— Nous ne savons pas, mais l'essentiel du travail est consacré à la recherche de cette nouvelle force en présence.

Jusque-là, seul le plus jeune des deux hommes avait pris la parole. Il fut relayé par le second qui semblait en fait le supérieur hiérarchique de l'autre.

— Monsieur, je préconise d'éradiquer le problème Janus pendant qu'il est encore temps. Quant aux deux agents de la NSA, il faut s'assurer qu'ils n'en ont pas trop appris et le cas échéant, les supprimer eux aussi. Votre sécurité est à ce prix, monsieur.

Le cigare aux lèvres, celui qui ressemblait étrangement à John Kennedy, le charme en moins, esquissa une vague grimace. Il posa sa main sur un combiné de téléphone, hésita puis renonça. Les deux autres attendaient ses ordres, figés dans une pose martiale.

— On attend.

— Mais, monsieur... protestèrent à l'unisson les deux hommes.

— J'ai dit on attend ! Que le service surveille leurs activités et se tienne prêt à intervenir rapidement en cas de dérapage. Vous pouvez disposer.

Les deux silhouettes s'effacèrent derrière l'acier de la porte qui se referma en un bruit mat et sourd. Exhalant des nuages de tabac, la tête à la renverse, l'homme aux cheveux grisonnants fixa les dalles du plafond. Son mandat se terminait, les primaires et la course à l'investiture allaient bientôt commencer. La situation internationale n'était pas trop mauvaise. Le pays connaissait une croissance inespérée. Pourquoi diable est-ce toujours en ces moments-là que le passé remonte obstinément à la surface, tel un cadavre mal lesté ? se demanda-t-il. Un nouveau nuage de fumée sortit en un rond parfait de sa bouche et s'en alla se diluer dans l'air recyclé.

8 mai 1999

Aéroport international de Washington Dulles

McNabe s'apprêtait à prendre le vol de 11 heures pour New York et flânait dans les rayons d'une librairie en attendant l'embarquement. Si Bernstein n'était pas aussi fou que les autorités le prétendaient, et si son histoire était vraie, Vitarelli et lui allaient au-devant de graves problèmes. D'autant que Vitarelli s'était obstiné à poursuivre l'enquête, malgré l'appel de McNabe au sortir de l'édifiant exposé du matin. Soudain, il lui vint à l'esprit qu'il pouvait avoir été suivi. Il jeta un rapide coup d'œil circulaire autour de lui. Tout semblait normal, les files s'allongeaient aux comptoirs des compagnies aériennes. Les touristes en transit, les hommes d'affaires pressés qu'on reconnaissait à leur portable toujours en fonction, tout ce beau monde s'entrechoquait dans un bruit de fond incessant. Pourtant, cela ne suffit pas à rassurer McNabe. Toujours en panne de batterie, il chercha une cabine du regard mais malgré la multiplication des cellulaires, elles étaient toutes occupées. Il fonça alors vers l'enregistrement de son vol et là, trouva un téléphone à sa disposition. Il composa le numéro des renseignements.

— Je voudrais être mis en relation avec l'Hôpital Arlington, à Washington.

— Ne quittez pas, monsieur, répondit l'opératrice sans bonjour ou au revoir.

Au bout de quelques tonalités, on décrocha à l'autre bout du fil.

— Hôpital Arlington, bonjour ! répondit une voix charmante.

— Je voudrais le service psychiatrique s'il vous plaît, c'est urgent !

— Je suis désolée, monsieur, il m'est impossible de vous le passer. En ce moment ils sont un peu chamboulés à la psy. Faut dire qu'entre la police, les journalistes et les malades, ça fait beaucoup à gérer, expliqua la standardiste.

— C'est urgent, je dois contacter le responsable du service pour le prévenir de...

— Je suis navrée, monsieur. Je vous transférerais volontiers, mais ils ne répondront pas, vous pouvez me croire. Avec cette affaire de suicide, ils sont pas près de refaire surface.

— Quel suicide ? demanda McNabe, dont les craintes semblaient avoir trouvé un écho.

— Un patient s'est lancé la tête la première contre son lavabo et s'est éclaté la cervelle. Une de mes collègues m'a dit qu'il y en avait partout. Horrible, je vous dis ! s'exclama, avec certainement une moue de dégoût assortie, la « gentille » standardiste.

McNabe n'eut pas besoin de plus d'informations. Bernstein était mort. Il raccrocha machinalement, les yeux perdus dans le vide. Jamais il n'aurait dû abandonner un témoin ; au minimum, le placer sous surveillance. Choqué, il ne prêta pas attention à l'homme qui arrivait droit sur lui, une main dissimulée sous son loden. Arrivé à la hauteur de McNabe, il lui adressa la parole.

— Veuillez vous diriger vers les toilettes pour hommes, et ne résistez pas, ordonna-t-il avec un fort accent du Middle West. Je tiens une arme pointée sur vous, au moindre geste inconsidéré je n'hésiterais pas.

McNabe obtempéra et se dirigea vers les WC, talonné par la silhouette massive de son agresseur. Arrivé dans les toilettes, l'homme s'assura qu'il n'y avait personne et bloqua la porte battante en appuyant de tout son poids dessus. Il pointait en direction de McNabe un pistolet hi-standard model B calibre 22, muni d'un silencieux dégagé de sa gangue de fibres textiles.

— Il est dans votre intérêt de ne pas poursuivre plus avant votre enquête ou bien nous serions dans l'obligation de vous éliminer. Votre appartenance à la NSA ne vous protégera pas éternellement !

— Qui êtes-vous, nom de Dieu, et comment savez-vous que j'appartiens à la NSA ?

— Nous sommes bien plus puissants que vous ne pouvez l'imaginer, McNabe. Je me suis occupé de cette ordure arriérée de Bernstein – que nous vous remercions d'avoir retrouvé – avec une délectation certaine, ça ne m'ennuierait pas de faire la même chose avec vous.

Du haut de son mètre 90, l'homme arbora un rictus satisfait. McNabe avait sans nul doute affaire à un assassin professionnel, un taré dressé pour tuer. Sans réfléchir, il profita de ce moment d'exultation pour tenter de désarmer son adversaire. Avec une violence dont il ne se croyait pas capable, il se projeta sur lui et avec un cri de rage, le frappa au visage. Surpris par cette attaque éclair, l'autre se contenta d'encaisser sans pouvoir riposter et tomba sur le sol, littéralement assommé.

McNabe s'attarda sur le faciès grêlé de l'homme qu'il venait de mettre à terre. Le visage de ce dernier était marqué par la haine, on devinait aussi quelques cicatrices, signes extérieurs des techniciens de l'assassinat. McNabe fouilla rapidement les poches de son manteau, ainsi que l'ensemble de ses vêtements. Il en extirpa quelques pièces de monnaie et portefeuille. À sa grande stupeur, il découvrit à l'intérieur un insigne – un insigne du FBI.

— Oh merde, oh putain de merde, se mit-il à murmurer tout en serrant le badge dans la paume de sa main.

McNabe tira le corps évanoui vers l'une des toilettes, l'assit tant bien que mal sur la cuvette et rabattit la porte. Il réajusta son nœud de cravate, jeta un coup d'œil rapide à sa montre et se précipita vers le hall d'embarquement.

Il arriva *in extremis* à prendre son avion. Le caractère coopératif d'une hôtesse de la compagnie aérienne lui permit même d'accéder à son siège dix minutes avant le décollage. Durant le vol, McNabe ne cessa de lire et de relire les informations dactylographiées sur le badge soustrait à son agresseur. Jerry Whitworth appartenait à la branche contre-espionnage du FBI, le *Washington Metropolitan Field Office*. Whitworth... McNabe en avait connu un à l'université, un bouseux de l'Arkansas, gentil mais un peu rustre, avec un accent du terroir à couper au couteau. Le même accent que l'homme qu'il venait d'assommer dans les toilettes de l'aéroport. McNabe sourit à l'idée de s'être farci un grand gaillard, certainement fils de fermier. C'était bien la première fois qu'il se battait depuis des années et d'avoir mis KO pareil adversaire flatta son ego. Cependant, sa satisfaction ne fut que de courte durée et ne l'empêcha pas de retrouver l'aridité de sa situation présente. Il allait débarquer à New York pour annoncer à Vitarelli qu'un gars du Bureau avait fait la peau à un témoin et qu'il l'avait menacé de mort. Si le Bureau était de la partie, Vitarelli et lui avaient intérêt à marcher sur des œufs et à couvrir leurs flancs.

Par le hublot, McNabe pouvait apercevoir l'épaisse couche nuageuse stagnant entre le Boeing 727 et l'océan Atlantique. On aurait dit du coton, et McNabe se mit à y deviner des formes et des visages. Lorsque celui d'Helena se dessina à la surface d'un énorme cumulonimbus, il sentit comme un frisson le parcourir. Fallait-il y lire un message ? Il commanda à l'hôtesse un verre d'eau et une aspirine puis cala sa tête contre l'oreiller fourni par la compagnie aérienne, en espérant trouver le sommeil.

le badge soustrait à son agresseur. Jerry Wentworth appartenait à la branche contre-espionnage du FBI, le Windsor, [illegible] Field Office. Wentworth... McNabe en avait connu un à l'université, un bonhomme de l'Arkansas gentil mais un peu rustre avec un accent du terroir à couper au couteau. Le même accent que celui du mec qu'il venait d'assommer dans les toilettes de l'aéroport. McNabe sourit à l'idée de s'être farci un grand gaillard complètement [illegible]. C'était bien la première fois qu'il se battait depuis des années et d'avoir mis KO pareil adversaire flatta son ego. Cependant, sa satisfaction ne fut que de courte durée et ne l'empêcha pas de réaliser l'acuité de sa situation présente : il allait débarquer à New York pour annoncer à Vitarelli qu'un gars du Bureau avait fait la peau à un témoin et qu'il l'avait menacé de mort. Si le Bureau était de la partie, Vitarelli et lui avaient intérêt à marcher sur des œufs et à couvrir leurs flancs.

Par le hublot, McNabe pouvait apercevoir l'épaisse couche nuageuse stagnant entre le Boeing 727 et l'océan Atlantique. On aurait dit du coton, et McNabe se mit à y deviner des formes et des visages. Lorsque celui d'Hélène se dessina à la surface d'un énorme cumulonimbus, il sentit comme un frisson le parcourir. Était-il fou ou amoureux ? Il commanda à l'hôtesse un verre d'eau et une aspirine puis cala sa tête contre l'appui fourni par la compagnie aérienne, en attendant d'arriver à destination.

PHASE CINQUIÈME

8 mai 1999

New York, Hôpital Huxley

Howie avait abandonné Vitarelli et Alexia pour rejoindre Am. Il en avait suffisamment appris sur ce qui l'avait propulsé dans cette histoire et sur l'histoire elle-même. Il avait fini par se convaincre de ce qu'il avait défini comme la théorie de la mauvaise pioche, et jugeait que la fin de tout ceci ne le concernait aucunement. Il appartenait aux puissants de régler entre eux leurs différends. Depuis des siècles, les gens tels que Howie n'avaient jamais eu de prise sur l'Histoire, et il en serait toujours ainsi.

Vitarelli avait ordonné à un des flics de le conduire le plus rapidement possible au chevet de Am et lui avait présenté des excuses, un peu plates certes, mais des excuses tout de même. Alexia Khomiakov avait argué de sa recherche de la vérité. La vérité qui à ses yeux justifiait tout et bien davantage. Howie fit mine de la croire, mais intérieurement il ne pouvait oublier l'image de Nemo, la gorge tranchée. Il était tout de même parti avec l'assurance que justice serait faite et que maintenant plus rien ne pourrait s'opposer au triomphe de la lumière sur les Ténèbres.

Howie ne se sentit pas rassuré pour autant, mais il n'avait plus qu'une hâte désormais : retrouver Am sans tarder et effacer de sa mémoire le souvenir même de son père.

Il découvrit Am en train de lire, adossée à une montagne de coussins au tissu vert, cette couleur caractéristique des hôpitaux. Un policier en uniforme montait la garde en lisant une BD juste à l'entrée de sa chambre. Cette dernière était claire et Am en était la seule occupante, malgré la présence d'un second lit.

— Salut, toi, fit-il en se précipitant vers elle.

Des larmes perlaient sur ses joues. Et des sanglots énormes venaient mourir sur le bord charnu de ses lèvres.

— Am, qu'y a-t-il ? Réponds-moi, qu'est-ce qui ne va pas ? Dis-moi, insista Howie tout en lui passant la main dans les cheveux.

— Howie ! Que je suis heureuse de te revoir. Viens, embrasse-moi !

Il l'étreignit de toutes ses forces, cherchant à la rassurer, et ils restèrent ainsi de langoureuses minutes, goûtant la chaleur à la surface de leur peau. Il y avait dans leurs retrouvailles quelque chose de dense, presque palpable. Am surtout semblait frénétique, comme si un besoin irrépressible la poussait à posséder Howie en cet instant.

— Am, on pourrait entrer, murmura-t-il avant de céder.

Mais Am n'avait que faire du monde extérieur et sa main glissa naturellement sous la chemise d'Howie puis se faufila à l'intérieur de son pantalon.

— Am, vraiment je pense que ce n'est ni le lieu ni le moment. Ne te cache pas ! Parle-moi, parle-moi je t'en prie...

Elle s'arrêta immédiatement, ne conservant que la main d'Howie dans la sienne, la caressant tendrement.

— Tu as raison. Mais je suis si heureuse et si triste à la fois...

— Tout est fini maintenant, ils ont trouvé ce qu'ils voulaient. Nous n'avons plus rien à craindre. Dès que tu seras sortie, nous pourrons reprendre le *Q*. Avec un rafraîchissement de la décoration et un peu d'aide, je pense que l'on pourra le transformer en un des endroits les plus branchés de Manhattan.

Elle se mit à rire. Howie la regarda et s'imagina à ses côtés sa vie durant. Les enfants qu'elle lui donnerait, le chien, le monospace pour partir en week-end à Cape Cod. Tout cela lui allait et dans l'euphorie, il décida de tâter le terrain.

— Am, je voudrais te parler d'un truc...

— Je t'écoute, mon petit Ewok, fit-elle en ravalant un sanglot.

— Enfin, c'est un peu délicat. Je... Est-ce que tu serais partante pour passer quelque temps avec le plus timide des Juifs non assumés de New York ?

Howie, qui s'attendait sinon à une effusion de joie, tout au moins à l'esquisse d'un sourire, en fut quitte pour un long et désespérant silence. Am regardait par la fenêtre, son regard s'était perdu quelque part, très loin. Elle avait lâché d'un coup la main de Howie et semblait désormais inaccessible.

— Je ne voulais pas brusquer les choses ! De toute façon, on a bien le temps et puis on n'est pas obligés d'en passer par le mariage.

Howie cherchait à corriger le tir, à faire revenir à lui une Am de plus en livide, de plus en plus lointaine.

— Ce n'est rien, Howie, ce n'est rien. Tu n'y es pour rien. Et même si tu as une drôle de façon de me demander ma main, sache qu'elle t'est acquise depuis notre première nuit.

Am parlait sans regarder Howie, et semblait s'accrocher à quelque chose, à un horizon qu'Howie ne pouvait distinguer.

— J'aurais dû commencer par te parler de ça. Mais je n'en ai pas eu le courage. Et puis je me suis dit que j'avais le temps, que peut-être même je n'aurais jamais à avoir cette discussion avec toi. J'ai été inconsciente et égoïste, pardonne-moi, Howie !

— Mais de quoi tu parles ? Je ne comprends pas...

Am inspira profondément, comme pour se donner le courage de poursuivre. Puis elle retrouva le chemin du regard d'Howie et planta ses deux yeux bleus au beau milieu de ses rétines.

— Il y a de ça trois ans environ, j'ai passé des examens médicaux de routine. Il s'est avéré qu'au vu des résultats de ma prise de sang, quelque chose clochait. On m'a donc conseillé de consulter un spécialiste, ce que j'ai fait. Je te passe les détails... Ce dernier m'a expliqué que je souffrais d'un cancer.

— Mais ça se soigne, enfin je veux dire la

science vient aujourd'hui à bout de certaines formes de cette saloperie...

— Pas de celle que je développe, Howie. Pas de ce crabe-là ! (Elle marqua un silence, entrecoupé par sa seule respiration mêlée à celle d'Howie :) J'ai une tumeur au cerveau. Inopérable. Je n'ai qu'à attendre qu'elle se développe. Je suis désolée, Howie, mais je n'ai pas d'avenir.

Howie ne trouva pas les larmes ; son cœur s'était pourtant resserré à le faire hurler. Il se contenta de baisser la tête, de fermer les yeux dans le fol espoir de vivre un cauchemar et de se réveiller en ouvrant les paupières. Mais lorsqu'il redressa la tête, rien ne se produisit. Am était toujours sur son lit d'hôpital et lui assis en équilibre sur le rebord. Le jour commençait à baisser et la fenêtre de la chambre filtrait une lumière de plus en plus tamisée.

— On peut vivre quand même, tout ne va pas s'arrêter à cause de ça. Je t'aime, Am, et une tumeur ne va rien changer à ça !

— Je ne peux pas t'imposer de vivre avec ce risque au-dessus de toi. D'autant que les médecins qui m'ont traitée ici ne se montrent pas très optimistes. J'ai passé un scanner en arrivant, ils voulaient vérifier que mon cerveau n'était pas lésé par le choc. Ils ont simplement découvert une tumeur grosse comme une noix. Je n'en ai plus que pour quelques mois au maximum, c'est leur verdict.

Howie resta silencieux. Il avait l'impression que sa tête allait exploser tant venaient s'y briser toutes ses images de bonheur avec Am. Mais il ne voulut pas capituler.

— Eh bien partons, partons vivre ce qu'il nous reste d'existence. Après tout, c'est à moi de décider ce que je veux ou non risquer !

— Ce ne serait pas raisonnable, Howie, ce ne serait vraiment pas raisonnable. Tu dois m'oublier, me pardonner d'avoir cru que je pouvais tomber amoureuse malgré ma maladie, que je pouvais embarquer quelqu'un avec moi et le laisser en rade à la moitié du chemin. Tu dois m'oublier... c'est la seule solution, mon Howie.

— Jamais, jamais tu m'entends ! Tu n'as pas le droit de me demander ça ! hurla-t-il, hors de lui.

Il se leva et se dirigea vers la porte.

— Je vais me chercher un café. Y a sûrement une autre solution, Am, y a sûrement une autre solution. À tout de suite.

Il referma la porte avec violence, réveillant au passage le policier de faction qui s'était quelque peu assoupi. Trouver un distributeur de boissons chaudes, prendre l'air, se dérouiller les jambes pour s'oxygéner l'esprit et retrouver une parcelle de lumière. Voilà ce qu'Howie désirait en cet instant d'ultime abattement.

8 mai 1999

New York, South Bronx

Alors que le soleil s'effondrait au loin, sur l'océan Atlantique, que les eaux bourbeuses de l'Hudson prenaient les teintes et l'étincelance du jour finissant, New York s'embrasait d'une lumière rougeoyante. Les gratte-ciel semblaient s'enflammer et leurs yeux de verre reflétaient à l'infini une myriade de flammèches aveuglantes. Manhattan ressemblait à une barque en proie à un merveilleux incendie et McNabe, qu'un taxi avait pêché à la sortie de l'aéroport de Newark, contemplait de l'autre rive ce spectacle fabuleux. Il en aurait presque oublié la tourbe dans laquelle il se dépêtrait depuis plusieurs jours. Il en aurait presque oublié ce puissant mal de crâne qui ne cessait de marteler et marteler encore à lui en faire mal aux dents.

À peine débarqué, McNabe avait téléphoné à Scotty pour lui demander où se trouvait Vitarelli qui curieusement ne répondait pas sur son portable. Scotty lui avait indiqué le chemin pour rejoindre l'immeuble situé à South Bronx et lui avait fait part de son inquiétude quant au silence radio de Vitarelli depuis une bonne demi-heure. McNabe garda pour lui ses récentes découvertes, estimant qu'il valait mieux en parler d'abord avec Vitarelli, plutôt que d'alerter le service à mauvais escient.

Lorsque le taxi arriva devant l'immeuble, McNabe constata que plusieurs voitures de police se trouvaient garées à proximité. Le bâtiment n'était pas éclairé et semblait complètement inhabité. Le chauffeur s'inquiétant de laisser son client en pareil endroit, McNabe lui expliqua qu'il rejoignait un collègue et lui régla sa course. À peine eut-il posé le pied sur le trottoir que le moteur du taxi s'emballa dans un vrombissement ahurissant. Le véhicule à la fameuse couleur jaune disparut dans un crissement de pneumatiques.

Ce furent d'abord les corps ensanglantés des policiers de la brigade d'intervention que découvrit McNabe en arrivant au dernier étage de l'immeuble. L'électricité avait été coupée, aussi n'y voyait-il que partiellement. Il manqua de trébucher sur l'un des corps mous qui jonchaient le sol. Et ce n'est qu'en jouant avec sa mini maglite porte-clés qu'il put découvrir toute l'horreur du lieu. Des impacts de balles, vraisemblablement ceux d'un fusil d'assaut, avaient criblé les murs et fauché les hommes. À mesure que McNabe avançait, il avait peur de découvrir le cadavre de Vitarelli. Il le trouva effectivement, étendu à côté de celui d'une femme dont il avait certainement cherché à protéger la vie. Devant tout ce carnage, McNabe sentit rapidement la nausée le gagner et se mit à vomir dans un hoquet de terreur. À peine s'il eut la présence d'esprit de joindre les secours. Curieusement, le téléphone n'était pas coupé. McNabe composa un à un les numéros sur le clavier, ses mains tremblaient et il dut recommencer plusieurs fois. Avant qu'il n'obtienne la tonalité, la lumière revint, illuminant le spectacle des corps baignant dans leur sang.

— Raccrochez ce téléphone, pour votre sécurité cela vaut mieux, fit une voix cachée derrière un pilier.

— Qui êtes-vous ? s'affola McNabe.

— Savoir qui je suis ne vous apportera pas grand-chose. Je ne suis pas le responsable de ce massacre, j'en assure juste le nettoyage. Aussi je vous conseille de déguerpir au plus vite.

McNabe ne parvenait pas à apercevoir celui qui lui parlait de la sorte. Il devinait bien une silhouette à quelques mètres de lui, mais un large pilier de béton brut lui barrait la vue.

— Qui les a tués, bordel de merde, quel est le fils de pute qui a fait ça ? hurla McNabe, tout sang-froid oublié.

— Les mêmes, toujours les mêmes, ceux que l'on charge de sacrifier les justes. Tu as de la chance de ne pas être sur leur liste de ce soir, ni sur la mienne d'ailleurs. Enfin je te le répète une dernière fois, dégage. Dans deux minutes, les charges que j'ai disposées vont réduire cet immeuble à sa plus simple expression. Cela fera un joli terrain vague que les promoteurs immobiliers pourront s'arracher à prix d'or ! Bonne nuit, petit veinard !

— Attendez, attendez !

Le mystérieux visiteur sembla s'être évaporé de la même façon qu'il était apparu. Manifestement, McNabe était à nouveau seul parmi les cadavres. Sans hésiter, il se précipita vers les escaliers qu'il descendit à toute vitesse. Il se retrouva dans la rue complètement essoufflé, et mobilisa ce qui lui restait d'énergie physique pour s'éloigner du bâtiment. À peine avait-il atteint le coin de la rue qu'un bruit énorme, suivi d'un souffle chaud, vint le percuter de plein fouet, faisant trembler jusqu'au bitume de la chaussée. Un énorme nuage de poussière s'éleva dans le ciel clair de la nuit, le nimbant d'un gris foncé. McNabe, dans un réflexe animal, s'était protégé les yeux et la tête de ses deux bras. Lorsque les derniers bruits se dissipèrent, il décida de jeter un coup d'œil.

Il ne restait plus rien, à la place de l'immeuble qui s'élevait encore quelques minutes auparavant jusqu'à quinze étages ne se trouvait plus qu'un amas fumant de débris haut d'à peine trois bons mètres. De ce monticule de décombres s'élevaient çà et là quelques poutres d'acier difformes, dressées vers le ciel dans une dernière tentative d'arrogance. L'explosion avait secoué la totalité du quartier qui ne tarda pas à réagir. Une clameur semblait monter du Bronx et déjà les premiers badauds s'attroupaient, venant se délecter d'un spectacle somme toute bon marché. Les télévisions câblées allaient débarquer avec leurs fourgonnettes-régies et voleraient, telles des hyènes, ces images aux premiers charognards. Peut-être se disputeraient-ils la carcasse ? Ainsi l'événement serait-il amplifié, recyclé, puis oublié via les millions de tubes cathodiques de l'État.

Les sirènes se rapprochaient, et les gyrophares déchiraient la nuit de leur lumière tourbillonnante. McNabe tituba à la recherche d'un taxi. Il se sentait perdu, seul. Définitivement seul. Ses mains, son corps entier tremblaient et ce n'était pas le froid le responsable. La nuit était même plutôt douce. McNabe avait peur. Pourtant il lui restait suffisamment d'énergie pour cogiter. Un à un les témoins se retrouvaient liquidés, et qui plus est, certainement par un organisme émanant du gouvernement. Comptant machinalement sur ses doigts, il découvrit sans trop de stupeur qu'il ne restait plus que lui, Howie et Am. Il lui fallait absolument joindre Scotty et localiser les deux autres survivants. McNabe n'avait plus le choix s'il voulait que la mort de Vitarelli soit vengée. Il devait jouer serré.

Aucun taxi ne sembla vouloir s'arrêter pour le ramasser. Il en interpella une bonne dizaine, mais tous continuèrent leur route sans même lui prêter attention. Ce n'est que lorsqu'il passa devant la vitrine d'un magasin d'électronique et de hi-fi qu'il en comprit la raison. Une mini caméra qui filmait le trottoir transmettait ses informations à un écran à plasma de taille relativement importante. McNabe découvrit ainsi son allure pitoyable, gueule à faire peur, dégaine de clochard.

Dans cet état, il ne fallait pas s'étonner qu'aucun chauffeur ne le juge digne d'intérêt. Il continua à errer quelque temps à travers South Bronx, se rapprochant d'Harlem River d'un pas lent et désabusé. La nuit l'enveloppait et le réconfortait presque. Arrivé à la hauteur du Madison Bridge, il aperçut enfin une cabine téléphonique. Vitres brisées, plafond métallique taggé, par chance le téléphone fonctionnait encore.

— Scotty, c'est McNabe !

— Bordel de merde, qu'est-ce qui se passe, McNabe ? On vient d'intercepter les communications radio de la police concernant une gigantesque explosion à South Bronx. Et ABC balance des images de l'immeuble ratatiné où vous étiez censé vous trouver avec Vitarelli !

— Tout a sauté, Scotty. Ils ont descendu tout le monde avant de nettoyer. Quand je suis arrivé, Vitarelli était déjà mort...

— Bon sang ! C'est pas possible...

— Scotty, j'ai besoin de savoir où se trouvent Howie et Am. J'ai l'impression qu'ils ne figuraient pas parmi les cadavres que j'ai découverts là-bas. Il faut que tu me les trouves rapidement. Ce sont les deux derniers témoins dans cette affaire et si ceux qui ont descendu Vitarelli les trouvent avant nous, je ne donne pas cher de leur peau ! Autre chose : est-ce que tu pourrais te renseigner sur un certain (Il sortit de sa poche le badge de son agresseur, à l'aéroport de Washington :) Jerry Whitworth. Apparemment, il appartiendrait au FBI.

— Jerry Whitworth, OK c'est noté. Tu

appelles bien d'une cabine près du Madison Bridge ?

— T'es le meilleur, Scotty.

— Je te rappelle le plus rapidement possible. Bouge pas, McNabe !

Un flot ininterrompu de voitures traversait le pont dans les deux sens, éblouissant McNabe de leurs phares blancs. De chaque côté de l'édifice, des panneaux publicitaires annonçaient en quatre mètres par trois la sortie imminente dans les salles obscures de *The Phantom Menace*, l'épisode numéro 1 de la trilogie *Star Wars*. McNabe, qui faisait partie de cette frange américaine ténue n'ayant jamais vu un seul film de cette série et la jugeant même plutôt débile, estima que le titre correspondait assez bien à sa situation. Depuis que cette histoire avait commencé, jamais il n'avait réussi à cerner ne serait-ce que les contours de son ennemi. Ce dernier avançait tel un spectre sans jamais dévoiler autre chose que sa puissance. McNabe sentit d'un coup la tristesse l'envahir. Non à cause de la souffrance physique ou de la peur de mourir, mais parce qu'il se trouvait impuissant et qu'il n'avait que très peu lutté contre cela. La colère l'envahit comme toujours quand il s'apitoyait sur lui-même.

Le téléphone grésilla à cet instant, comme s'il allait rendre l'âme et McNabe faillit ne pas comprendre qu'il s'agissait d'une sonnerie. Alors qu'il s'apprêtait à décrocher, une BMW décapotable de laquelle s'échappaient des rythmes surpuissants dépassa la cabine sans ralentir et s'effaça dans l'obscurité.

— McNabe, c'est la merde ici. Je vais pas pouvoir te garder longtemps. Des mecs du Bureau viennent de débarquer avec un mandat de la Cour Suprême. Pour l'instant, on essaie de les contenir avec tout l'arsenal légal, mais vu la teneur de ce qu'ils nous reprochent, on risque de pas tenir longtemps. Je ne possède que des bribes, mais j'ai entendu parler de haute trahison.

— Haute trahison, mon cul ! Ce sont eux les traîtres...

— Écoute bien et enregistre, je pourrai pas te le répéter deux fois. Le mec que tu cherches se trouve avec sa copine à l'hôpital Huxley où elle a été admise pour une mauvaise chute. Quant à Jerry Whitworth, tiens-toi bien, son dossier est classé « secret cosmique ». Pas moyen d'obtenir de renseignements sur lui sinon qu'il appartient bien à la section contre-espionnage du FBI.

— Qu'est-ce que ça veut dire ?

— Ça veut dire que Jerry Whitworth n'a de compte à rendre qu'au président. Je peux pas te garder plus longtemps, bonne chance McNabe !

— Merci Scotty, mais je crois que la chance ne suffira pas.

8 mai 1999

New York, Hôpital Huxley

La machine à café était en rade. Howie ne parvint même pas à lui extirper un vulgaire gobelet en plastique et y laissa cinquante *cents* malgré les coups de pied répétés dans le monnayeur. Nerveusement et physiquement à bout, Howie fut quelques instants la proie d'une immense tristesse. Il pensa à Am, à cette maladie qui la rongeait. Il pensa à la mort de Am, à l'injustice d'un monde où le destin frappait à l'aveugle sans se soucier de détails aussi futiles que l'amour. Son cœur se fissurait telles les lézardes qui grimpaient le long des murs crème du hall de l'hôpital.

Finalement, ce projet de recherche génétique, qu'il avait contribué à détruire, avait peut-être du bon. C'était peut-être la bonne direction pour combattre le cancer ? Peut-être fallait-il en passer par des horreurs avant de découvrir de grandes choses ? L'indécision s'immisça dans son esprit, le pétrit de contradiction, l'amenant sur les sentes dangereuses du doute. Cela faisait trop de choses à croire, à digérer, à comprendre et à insérer dans une existence définitivement brisée.

— Howard Bernstein, je présume ?

Howie faillit sursauter à cette question qui parvenait de derrière son dos. Lorsqu'il se retourna, piqué par la curiosité autant qu'inquiet, il faillit ne pas reconnaître McNabe, tant ce dernier était décomposé. D'énormes cernes violets soulignaient son regard et creusaient ses yeux. Ses cheveux gras et en bataille lui conféraient un aspect proche de la débâcle.

— McNabe ? Qu'est-ce qui vous est arrivé, nom de Dieu ?

— Vitarelli est mort, l'immeuble a été rayé de la surface du globe. Et nous n'avons que quelques heures avant qu'ils nous retrouvent et nous fassent subir le même sort qu'à tous les témoins de cet imbroglio politico-génético-diplomatique de mes genoux ! lâcha McNabe en vrac et avec quelques difficultés d'élocution.

— Comment ça, Vitarelli est mort ! J'étais avec lui et la femme qui se faisait appeler Janus. Il y avait toute une escouade de flics avec nous !

— Tous morts, la femme comprise.

— Et l'ordinateur qui devait envoyer le fichier décrypté sur Internet ?

— Vraisemblablement détruit dans l'explosion, avec les autres preuves. C'est la merde, Howie et je vous avoue que je ne sais pas comment on va s'en sortir.

— C'est votre merde, McNabe, moi j'ai suffisamment de la mienne pour me passer de la vôtre. Cette histoire n'était pas la mienne. Je suis là parce qu'une connasse m'a intégré à des plans de vengeance vieux de plusieurs dizaines d'années.

— La connasse en question est étendue auprès de Vitarelli. Autre information qui peut malgré tout vous intéresser : j'ai rencontré Josef Bernstein. Ils ont liquidé le pauvre vieux peu de temps après mon passage. Comme ils ont dû s'occuper du libraire...

McNabe semblait désemparé et le comportement d'Howie ne l'aidait pas à trouver la force de rebondir. En même temps, il comprenait très bien ce que ressentait ce dernier et ne voulait pas le juger ni même le pousser à prendre une décision autre que personnelle. Howie, quant à lui, accusa le coup : il venait d'apprendre dans la même journée l'existence et la mort de son père. Pourtant, il ne ressentit aucune peine, plutôt une sorte de soulagement à savoir que quelqu'un en avait définitivement terminé avec son géniteur.

— Je vais foutre le camp avec Am. On va disparaître aussi sûr que je m'appelle Howie. Après tout, le pays est grand, ce ne devrait pas être difficile de se fondre au décor, ou même de passer une frontière, mexicaine, canadienne, à voir !

— Ils vous retrouveront, s'ils sont capables de remettre en cause l'autorité de la NSA, s'ils sont capables de détruire autant de vies sans être inquiétés, ils doivent être en mesure de retrouver n'importe qui, n'importe où, expliqua McNabe avec l'amertume qui lui dégoulinait des lèvres.

— Je n'ai que quelques mois à tenir. (Howie s'interrompit en un lourd silence :) Am a un cancer, une tumeur au cerveau. Elle n'en a plus pour très longtemps.

— Je suis désolé, sincèrement désolé, Howie... Je crois même pouvoir comprendre ce que vous ressentez.

Les deux hommes demeurèrent quelques minutes face à face, les épaules voûtées sous le poids d'un monde qu'ils avaient appris à détester, avec le temps. On trouvait encore dans leurs yeux une volonté de combattre, mais leur corps fatigué, usé, leur refusait ce dernier sursaut de dignité.

— Allez chercher Am et foutez le camp. J'essaierai de brouiller les pistes, du moins dans un premier temps. Et surtout, aucune carte de crédit. Utilisez l'argent que nous vous avons fourni.

— Merci, McNabe !

— Ne me remerciez pas, je ne vous garantis rien. Je n'ai moi-même aucune idée de la nature des gens que j'affronte. Et j'ai appris aujourd'hui à ne pas les sous-estimer. Allez, ne perdez pas de temps, il est pour l'instant votre meilleur allié !

Howie tendit une main ouverte à McNabe, celui-ci la refusa et se contenta de poser la sienne sur l'épaule du jeune homme, lui imprimant une pression amicale et franche. Howie remonta le plus rapidement possible jusqu'à la chambre de Am. Le cerbère s'était encore endormi ; Howie prit soin de ne pas le réveiller. Il convia Am à s'habiller et à rassembler ses affaires.

— Tu es sûr de ce que tu fais ? lui demanda-t-elle simplement et doucement.

— Je n'ai jamais été aussi sûr de moi, lui répondit-il dans un baiser.

8 mai 1999

Russie, Complexe de Tungunska dans l'Oural

Les lourds hélicoptères de combat de l'armée russe fendaient l'air de leurs gigantesques pâles. Tels de sinistres oiseaux de proie, ils semblaient fondre à pleine vitesse sur les bâtiments désaffectés d'une ancienne base de relative importance. Les Mi-24P, que les moudjahidin afghans avaient surnommés « les chariots du diable », étaient facilement reconnaissables à leur profil si particulier qui les faisait presque ressembler à des crocodiles.

Lourdement armés, les cinq engins stabilisèrent leur vol à basse altitude et à peu près à deux cents mètres du complexe. Un vieil homme s'adressa au pilote de l'un des hélicoptères.

— Nous y sommes. Ce que vous voyez ce sont les bâtiments de surface, ça descend à cent mètres en dessous.

— Ne vous inquiétez pas, docteur Lyssenko, les jolis pruneaux que nous allons balancer feront plus que l'affaire. C'est une toute nouvelle gamme de missiles Falanga, développés par les Américains et testés par nos hommes en Tchétchénie. Ils sont guidés par radio jusqu'à leur cible, ils perforent blindage et béton armé avant que l'on déclenche leur explosion. De vrais bijoux !

Le commandant Vladimir Abasenko appartenait au 248e OVE de la force aérienne bélarusse. Lui et ses hommes avaient été rappelés du front tchétchène la veille au soir, pour une opération secrète. Il s'attendait à mieux qu'un simple exercice de tir sur une cible morte. Mais sa condition de soldat ne l'autorisait pas à discuter un ordre émanant du Kremlin. Aussi avait-il récupéré, tôt dans la matinée, le vieux professeur Lyssenko à environ une centaine de kilomètres du théâtre des opérations. Vladimir avait entendu bien des choses sur Lyssenko. Sous le règne de Khrouchtchev, il se souvenait même d'avoir entendu son père, un général d'infanterie, surnommer Lyssenko le « Boucher de l'Oural ». Pourtant, à voir ce qu'il restait aujourd'hui de cet homme, Vladimir avait bien du mal à imaginer qu'il ait pu jamais effrayer quelqu'un.

Grichka Oulianov Lyssenko contemplait le site avec le regard froid et mort du requin. Il venait de fêter ses 83 ans, trois jours auparavant. Et le seul cadeau qu'avait trouvé le gouvernement pour le remercier de ses années de dévouement à la nation avait été de l'envoyer guider des militaires jusqu'à son ancienne base opérationnelle pour la détruire. Certes le vent avait tourné, depuis la Perestroïka de Gorbatchev. On pouvait même dater précisément les choses à la destruction du mur de Berlin.

Les gouvernements qui s'étaient succédé depuis n'accordaient plus la même importance à ses recherches. Les préoccupations n'étaient plus internationales, mais nationales. Et l'effondrement de l'empire soviétique n'avait rien arrangé. Les revendications nationalistes de certaines républiques représentaient l'essentiel des soucis des gouvernants. Lyssenko avait bien continué quelque temps, avec des moyens pourtant réduits de plus de moitié, essayant même de rejoindre les Américains, qui de leur côté semblaient encore très actifs sur le projet. Mais il avait dû se rendre à l'évidence, il en allait pour lui comme pour son pays. Lyssenko s'écroulait sous le propre poids de ses découvertes.

PHASE TERMINALE

9 mai 1999

New York, 57e Rue, antenne de la NSA

Les façades en verre brun du Solow Building épousaient l'élan de deux courbes hyperboliques. Difficile d'imaginer que ce spectaculaire gratte-ciel abritait en son treizième étage les bureaux de la NSA à New York. Situé en plein quartier chic et cher de la ville, le Solow Building hébergeait également les sièges sociaux de grandes marques du luxe. Aussi n'était-il pas rare de croiser au détour d'un ascenseur un mannequin célèbre, ou bien une actrice en pleine gloire.

McNabe, à qui il avait paru évident de réintégrer au plus vite les locaux de son administration de tutelle, attendait depuis plusieurs heures le retour des agents fédéraux. Il avait passé une bonne partie de la nuit recroquevillé dans un des fauteuils en cuir de la salle d'attente. Scotty lui avait fourni une couverture et un peu de café. Il lui avait également expliqué que les agents du Bureau en avaient après lui.

— Ils t'accusent de haute trahison, c'est grave ! En plus, d'après notre service juridique, ils ont les coudées franches pour procéder à ton arrestation. Tu devrais pas rester ici.

— Écoute, Scotty, y a pas de malaise de mon côté. Je n'ai rien à me reprocher. Alors je vais attendre leur retour, et puis on verra jusqu'où ils veulent aller.

— Ça me paraît risqué. Ils peuvent tout à fait te foutre le meurtre de Vitarelli sur le dos...

— On verra, Scotty, on verra.

Le FBI ne se fit pas attendre trop longtemps. À 9 heures précises, ils déboulèrent bille en tête, menés par quelqu'un que McNabe ne connaissait que trop bien : Jerry Whitworth. Ce dernier esquissa un large sourire à la vue de McNabe affalé dans son fauteuil.

— Eh bien, la chasse à l'homme aura été de courte durée, dirait-on, plaça-t-il avec ce superbe accent terrien qui le rendait un tantinet ridicule. Veuillez procéder à l'arrestation de Mr Ian McNabe, agent de la National Security Agency, accusé du meurtre de son supérieur hiérarchique direct et du dénommé Howard Bernstein, accusé également de haute trahison envers son pays. Lisez-lui ses droits et embarquez-le !

McNabe n'eut que le temps de protester verbalement, déjà deux molosses aux lunettes noires lui passaient les menottes et lui déclamaient ses droits garantis par la Constitution.

— Ça ne tiendra pas devant un tribunal. Vous serez bien obligés de rendre des comptes, vous et vos amis ! hurla McNabe alors qu'on le conduisait vers l'ascenseur.

Il fulminait, mais savait que rien ne servirait de résister. L'essentiel consistait à ployer, surtout pas à rompre. Et ce malgré cette irrépressible impression que tout désormais était joué.

— Quand la vérité éclatera, elle vous éclaboussera en premier, Whitworth ! hurla encore McNabe avant de disparaître derrière les vitres teintées d'une Lincoln de couleur noire.

9 mai 1999

Quelque part sur la côte du Connecticut

La route faisait face aux derniers étirements de Long Island et à ses superbes résidences secondaires pour New-Yorkais aisés. Le soleil levant dessinait des taches orange sur les vagues et le littoral semblait s'étirer en cette nouvelle journée. Depuis quelques heures déjà, Howie roulait à nouveau au volant d'une Chevrolet quatre portes de location. Am et lui s'étaient arrêtés pour la nuit dans un motel crasseux du côté de New London. Ils n'avaient que très peu dormi. Après un petit déjeuner rapide, ils avaient repris la route en direction de Boston par la route côtière et décidé de leur destination. Howie avait soumis la piste mexicaine, mais Am préférait la neige, les lacs, la forêt. Le Canada s'imposa de lui-même. Et finalement ce n'était pas plus mal, ils se trouvaient dans la bonne direction.

Au fil des kilomètres, Am n'arrêtait pas de s'émerveiller du spectacle qu'offrait l'océan. Elle décrivait à Howie ses couleurs changeantes, ses crêtes d'écume, parfois même elle poussait de petits cris en apercevant ou croyant apercevoir un phoque alangui sur une grève. Howie qui avait branché la radio, cherchait à capter un programme musical convenable. Après une courte recherche, il immobilisa le tuner sur les premiers accords de *Your Ghost* par Kristin Hersh et se mit à fredonner, tout en poussant le volume dans ses derniers retranchements. Puis il osa chanter à pleine voix quand Am, sensible à la beauté des paroles de cette chanson qu'elle ne connaissait pas, vint nicher sa tête contre l'épaule de son conducteur adoré. Rien n'aurait pu alors venir à bout de leur félicité. Ils devaient tout oublier, effacer jusqu'aux moindres souvenirs. Les mouettes elles-mêmes voulaient rendre hommage à leur bonheur désormais insouciant et virevoltaient au-dessus de la voiture en vols gracieux. Howie et Am filaient vers la frontière, rien n'aurait pu les arrêter.

18 mai 1999

Washington DC, siège du FBI

Une salle de réunion avait été réservée par le directeur adjoint. Ce dernier tenait tout particulièrement à rencontrer McNabe quelques jours avant l'ouverture de l'enquête pour haute trahison par une commission sénatoriale. Le prisonnier, détenu depuis plus d'une semaine au pénitencier de Drytone, à soixante kilomètres environ de la capitale, avait été transféré avec son accord pour l'occasion.

McNabe, qui avait entamé une grève de la faim, commençait à accuser le coup. Ses joues s'étaient creusées et ses vêtements civils, retrouvés pour l'occasion, semblaient taillés pour un autre que lui. Le directeur adjoint ne parut pas s'en émouvoir et l'invita simplement à s'asseoir à l'autre bout de la table.

— Vous vous demandez peut-être la raison de cet entretien ? attaqua le directeur adjoint en ajustant ses lunettes.

— Je ne me pose plus de questions depuis une bonne semaine, monsieur, se contenta de répondre laconiquement McNabe.

— Voilà une saine attitude. Vous auriez dû adopter ce profil bien plus tôt !

— Déformation professionnelle, à la NSA on n'aime pas se contenter des apparences. Alors on gratte, on écoute...

— C'est justement à propos de la NSA que je vous ai convoqué. Vous n'êtes pas sans savoir que votre direction fait des pieds et des mains auprès du président pour que l'on vous relâche. Je n'y suis pas opposé. Si enquête de la commission il devait y avoir, je ne suis pas sûr que cela ne nous serait pas préjudiciable. De plus, votre grève de la faim vous a rendu médiatique...

— Je n'avais pas encore eu droit à mon quart d'heure de célébrité, railla McNabe.

Le directeur adjoint ne sembla pas apprécier la plaisanterie et tapota nerveusement de la paume de la main la surface de la table.

— J'ai une proposition à vous faire.

— J'ai bien peur de ne pouvoir l'accepter !

— Écoutez-la tout de même. Nous faisons en sorte que le procès tourne en votre faveur. Nous vous offrons un petit séjour aux Bahamas, histoire de vous remettre en forme. Puis nous vous intégrons au sein du FBI à un poste de responsabilité.

— En échange de...

— Localisez les deux mariolles dont vous avez protégé la fuite et renoncez à votre folle prétention de vouloir sauver le monde malgré lui ! Croyez-vous que nos bons citoyens se soucient le moins du monde de l'avenir que nous leur préparons ? Ils s'en foutent ! Ce qui les préoccupe, c'est de garer leur voiture neuve dans le garage bien rangé de leur pavillon. De se foutre le cul dans le fauteuil et de se gaver de programmes télé au rabais. Voilà la réalité de notre société, McNabe ! Alors ne laissez pas passer une occasion de remettre un peu d'ordre dans tout cela. Imaginez un monde où nous pourrions créer des êtres parfaits appelés à diriger une masse servile et conditionnée.

McNabe observait cette caricature du docteur Folamour s'agiter à mesure qu'il progressait dans son exposé. Les yeux de ce dernier roulaient dans leurs orbites, comme possédés par une force étrangère à l'humanité.

— Rejoignez-nous, McNabe, rejoignez le projet. Les Russes sont sur la touche, mais nous avons les reins pour continuer ce qui a été commencé il y a presque cinquante ans. Nous touchons au but, c'est une question de jours désormais. Rejoignez-nous et vous appartiendrez à la caste des seigneurs. Ignorez-nous et vous finirez comme votre supérieur : la tête dans le caniveau.

McNabe ne savait pas très bien s'il devait vomir tout de suite ou patienter jusqu'aux toilettes. Le directeur adjoint lui faisait l'effet d'une denrée avariée, d'un mets sous-vide ayant dépassé la date de péremption. Il commençait à comprendre le fondement véritable du projet. Le terreau n'était en rien scientifique, mais bien idéologique. Derrière le projet se cachaient les velléités séculaires de ces puissants qui cherchent à toujours plus surveiller, à toujours plus dominer, à toujours plus réguler. Le terrain de jeu de la génétique leur offrait les perspectives les plus affriolantes qui soient, le contrôle avant même la naissance. Le pouvoir, jusque-là exclusivement divin, de créer ou non la vie.

McNabe eut une pensée fugace pour Am et Howie, espérant qu'ils avaient réussi à trouver un lieu sûr où ils pourraient attendre la mort sans craindre le présent. Howie était un type bien, pensa-t-il. Il aurait aimé avoir sa force lorsque Helena lui avait annoncé sa maladie. Il aurait aimé partir au bout du monde avec elle et ne pas la laisser crever sur un lit d'hôpital. La peur l'avait paralysé, l'avait empêché d'exprimer ce qu'il ressentait au fond de lui. Aujourd'hui il ne laisserait pas la peur gâcher à nouveau un pan de son existence, fût-il le dernier.

— Je crois qu'un bon jugement secouera un peu la poussière que vous avez laissée s'accumuler sur les meubles. Rien de tel qu'un bon nettoyage de printemps, ne pensez-vous pas, monsieur le directeur adjoint !

— C'est votre dernier mot, McNabe ? Réfléchissez bien.

— Je garde mon dernier mot pour la commission. À vous, je peux juste offrir un : je t'emmerde !

Le directeur adjoint manqua s'étrangler et rappela dans la pièce les deux agents qui avaient escorté McNabe.

— Ramenez-moi cette loque d'où elle vient ! hurla-t-il en dénouant son nœud de cravate.

— Vous faites pas de mouron, je ne parlerai de vous qu'en termes choisis, continua à railler McNabe alors qu'on lui passait à nouveau les menottes aux poignets.

— On vous aura coupé la langue d'ici-là, McNabe ! Ne vous attendez pas à comparaître demain, vous nous aurez quittés bien avant. En refusant mon offre, vous avez refusé de vivre. Adieu, McNabe !

La Chrysler grise filait sur la voie rapide qui longeait le Potomac. À travers les vitres teintées McNabe scrutait un horizon aux nuances blafardes. À l'avant les deux cerbères ne pipaient mot, l'un d'eux jetant juste par moments un coup d'œil furtif dans le rétroviseur, histoire de s'assurer que le prisonnier se tenait correctement. Ils quittèrent l'axe principal à hauteur d'un centre commercial pour s'enfoncer dans une impasse qui menait directement au fleuve. Lorsque le véhicule s'immobilisa le long d'une vieille grue oxydée, en plein milieu d'un terrain vague boueux, McNabe comprit que les paroles du directeur adjoint n'étaient pas vaines. Il ne lui restait plus que quelques minutes, il les dédia à Helena.

19 mai 1999

Canada, Nouvelle-Écosse

Depuis plus d'une semaine, Am et Howie profitaient des beautés de la Baie de Fundy, non loin d'Halifax. C'est ici qu'ils avaient échoué, juste après avoir passé la frontière. Un petit hôtel les abritait de son architecture XVIIIe et malgré l'absence de toilettes dans la chambre, cela leur convenait tout à fait. Le prix modique que leur demandait la propriétaire des lieux, une femme presque aussi âgée que son établissement, procurait un charme supplémentaire à l'endroit. Ici, dans ce paysage de bout du monde, alors que la nature se réveillait d'un long hiver, libérant senteurs, couleurs et sons multiples, tout semblait paisible. Am avait retrouvé un certain goût de vivre, même s'il arrivait parfois à Howie de la surprendre en train de pleurer sur la plage.

Ici, Howie avait quant à lui retrouvé des sensations simples, comme rire aux éclats sans trop savoir pourquoi, ou bien savourer une bière assis face à la mer. L'inquiétude ne l'avait pas quitté, il restait sur ses gardes et veillait au grain, mais il se sentait plus libre. Les entraves à son existence avaient sauté, définitivement sauté. Plus rien maintenant ne le forcerait à vivre ce qu'il ne voulait pas.

Aujourd'hui n'était pas un jour comme les autres et ça, Howie ne l'avait pas oublié. Dès la douche du matin, il avait commencé à bassiner Am avec son soi-disant événement du siècle, voire du millénaire. Am en avait tout d'abord souri, mais avait vite compris qu'elle ne supporterait une journée entière de pareils enfantillages. Aussi envoya-t-elle Howie à Halifax, réserver des billets, s'il en restait, pour la séance du soir. Howie trouva l'idée excellente et prit la route, remonté comme une pile atomique.

Toutes les stations de radio ne parlaient que de l'événement. Trois mille salles de cinéma allaient assurer les projections durant tout l'été. Un cabinet de consultants en ressources humaines estimait que 2,2 millions de salariés allaient sécher pour voir le film en cette première journée d'exploitation. Une entreprise de Sacramento avait même décidé de fermer ses portes, la majorité de ses 250 employés ayant demandé leur jour de congé.

En cette journée historique, *The Phantom menace* déboulait sur le continent américain, et Howie surexcité appuya sur l'accélérateur, de peur d'arriver trop tard pour avoir ne serait-ce que l'espoir de retirer un billet.

Lorsqu'il arriva devant la salle de cinéma principale de la ville, il ne put réprimer un juron de dépit. Une foule incroyable se trouvait massée et occupait une bonne partie de la grande place qui faisait face au complexe. Çà et là, on pouvait même découvrir parmi les centaines de personnes présentes, quelques fanatiques en costumes plus ou moins sophistiqués. Du Darth Vader en plastique de récupération au R2D2 plus vrai que nature, jusqu'au gamin muni d'un sabre laser factice, on trouvait l'essentiel des protagonistes de la saga au coin de la rue. Bien évidemment, Howie n'espérait plus assister à la première tant attendue. Il s'apprêtait à rebrousser chemin lorsqu'un homme d'une quarantaine d'années le heurta de plein fouet. Le malotru ne s'excusa pas et se contenta de marmonner dans sa barbe drue.

— Cette nouvelle religion dont Georges Lucas est le dieu, avec la salle de cinéma pour église et les fans pour disciples fanatisés dans les paroisses que sont les centres commerciaux... Cette nouvelle religion remplit par la niaiserie le vide qu'occupait jadis la foi.

Howie sourit à ces mots.

— Hé mon vieux, faut te calmer ! Je te signale que tu m'as pratiquement démis l'épaule, alors tu pourrais au moins t'excuser au lieu de débiter toutes ces conneries. D'autant que je suis passablement énervé de ne pouvoir obtenir ma dose de niaiserie pour ce soir !

L'homme se gratta la barbe et considéra Howie quelques instants.

— Tiens, prends ceci ! (Il tendit quelque chose à Howie et l'enferma au creux de sa main droite :) Mais n'oublie pas que la seule véritable idole pour Lucas est le R2D2 en forme de tiroir-caisse !

Lorsque Howie libéra son poing, il faillit tomber à la renverse. Dans la paume de sa main se tenaient deux billets froissés pour la séance de 20 heures de *The Phantom Menace*. Les larmes lui coulèrent presque des yeux. En cet instant magique il venait de gagner deux places pour le Paradis.

Le retour à l'hôtel fut encore plus rapide que l'aller. Howie frôla d'ailleurs à plusieurs reprises l'accident tant son esprit véhiculait, assemblait un nombre incalculable d'images intersidérales. Il était déjà parti à la conquête de la Force, retrouvant ces sensations géniales de gamin. Ce frisson premier qui l'avait transporté à la vision de *La Guerre des étoiles* ou de *L'Empire contre-attaque*. Am n'en reviendrait certainement pas qu'il ait réussi à dégoter ces places. Et lui n'en revenait pas d'y aller en sa compagnie.

Curieusement, il ne la trouva pas en train de flâner sur la plage, à son arrivée sur le parking du Monica Hotel. C'était d'autant plus étrange que le soleil irradiait au beau milieu d'un ciel d'azur, météo que Am mettait en général à profit pour lézarder sur les rochers à l'extrême pointe de la grève. La propriétaire, après l'avoir salué, lui assura que madame n'était pas encore descendue aujourd'hui. Qu'elle n'avait même pas déjeuné. Howie grimpa en courant les vieux escaliers en bois qui menaient au second étage de l'hôtel, à leur petit nid douillet.

Il trouva celle qui lui avait fait fondre le cœur allongée sur le lit, endormie, un livre à la main. Son visage n'avait jamais exprimé autant de bonheur et un léger sourire soulignait la magnificence de son sommeil. Howie contempla son cou délicat que plus aucune pulsation ne venait faire gracieusement onduler. Puis il vint s'asseoir près de son corps, et chercha son âme par-delà la fenêtre entrouverte.

Composition réalisée par NORD COMPO

IMPRIMÉ EN FRANCE PAR BRODARD ET TAUPIN
La Flèche (Sarthe).
Imp. : 1023 – Edit. : 1112-02/2000
ISBN : 2 - 7024 - 2985 - 8
ISSN : 0768 - 1089

H 52/1156/0